Love hurts
Die Macht der Liebe

Semantische Experimente

Hans Jürgen Heringer

Love hurts. Die Macht der Liebe

Semantische Experimente

Bibliografische Information der Deutschen Nationalbibliothek

Die Deutsche Nationalbibliothek verzeichnet diese Publikation in der Deutschen Nationalbibliografie; detaillierte bibliografische Daten sind im Internet über http://dnb.dnb.de abrufbar.

Auf der Bornau 29

56321 Brey

GERMANY

Covergrafik http://commons.wikimedia.org bearbeitet

Eigene Bilder.und Grafiken

Druck und Endverarbeitung:

Books on Demand (BoD) GmbH

In de Tarpen 42

22848 Norderstedt

Printed in Germany

ISBN 978-3-9820854-0-1

Inhalt

Vorwort

Teil 1: Gründe

1. Liebe – dieses klebrige Wort 13
2. Meaning, that is to say 23
3. Was gibt ihm Leben? – Im Gebrauch lebt es. 37
4. Why all these stories are unsatisfying is that they end too soon. 43
5. You shall know the meaning of a word by the company it keeps. 47

Teil 2: Experimente

6. Jede Deutung hängt in der Luft. 58
7. . . . bringt man die Wörter in jene seltsame Ordnung 67
8. . . . in einem Experiment zu einem weiteren geführt werden 91
9. Ein zerstörtes Spinnennetz mit der Hand in Ordnung bringen 107

Teil 3: Kostproben

10. Liebe ist kein Gefühl, Liebe wird erprobt. 120
11. Was etwas ist, verstehen wir in Geschichten. 129
12. I'll teach you differences. 141

Literatur 151

Vorwort

Mir ist kaum ein Wissenschaftler bekannt, der mit der Rezeption seiner Arbeit und Erkenntnisse zufrieden wäre.

Darum finden wir auch allüberall Wiederholungen, Aufbereitungen, Neuformulierungen des Erkannten bis hin zu sog. Selbstplagiaten – die in diesem Sinn gar keine sind.

Man kann dieses Verfahren auch positiv sehen. Einmal zeigt es, wie Wissenschaftler umgetrieben werden von Problemen, Fragestellungen, die sie nicht mehr loslassen. Und dann natürlich die persönliche und die allgemeine Frage, ob man es jetzt besser machen kann als damals. Und bei manchen gar die Idee, sie hätten etwas dazu beigetragen, dass man es jetzt besser machen könnte.

Herrsching, im Juni 2019

H. J. H.

Gründe

1. Liebe – dieses klebrige Wort

Herbert Grönemeyer

1. Als Einstimmung zum kulturellen background der deutschen Liebe. Die Auffassung, dass Bedeutungen als Stereotypen zu sehen sind, liegt der Stereotypensemantik wie auch der Prototypensemantik zugrunde (Putnam 1978, Coleman/ Kay 1981). Die Grundidee finden wir schon früher: „Ce n'est pas par la description physique des choses signifiées que l'on arrive à caractériser utilement l'usage sémantique . . .; c'est tout au contraire par les évaluations adoptées par cette communauté, les appréciations collectives, l'opinion sociale" (Hjelmslev 1954: 175).

2. Normalsprachlich hat das Wort „Stereotyp" wie „Vorurteil" einen negativen Beigeschmack. Es wird meistens verwendet für das, was andere glauben, was man aber selbst für falsch hält. Das Wort hat also einerseits einen imperialen Wahrheitsanspruch eingebaut, andererseits ist es für semantische Zwecke zu eng. Außerdem sind wir Deutsche keine homogene Glaubensgemeinschaft, ebenso wenig wie wir eine homogene Sprachgemeinschaft bilden. Stereotypen müssten darum auf bestimmte Gruppen bezogen werden.
Wir definieren ein Stereotyp St in der Gruppe G als eine Menge von Aussagesätzen A(X), die die meisten Gruppenmitglieder g_i glauben.
Etwas formaler:

- $St(A(X), G) = \{A(X) \mid \text{die meisten } g_i \in G \text{ glauben } A(X)\}$

3. Wie gewinnt man Stereotypen? Naheliegend wäre, die Glaubenssätze der Gruppenmitglieder zu elizitieren, etwa durch Befragung zu ermitteln. Das würde voraussetzen, man könne schon die einschlägigen bestimmen. Der bequemere Weg scheint, Stereotypen als Art Hintergrundsätze aus Texten zu gewinnen. Man könnte Stereotypen destillieren aus Verwendungen, die mehr oder weniger explizit auf Stereotypen Bezug nehmen. Dies ist etwa der Fall bei konzessiven Sätzen, in denen ja explizit eine vermutete Vorerwartung oder als verbreitet unterstellter Glaube negiert wird. Dafür können wir Methoden entwickeln.

4. Beginnen wir mit einem ersten Beispiel:

- Trude Herr liebte Köln zwar abgöttisch, stand aber immer auf dem Absprung.

Wer dies sagt scheint mir von Folgendem auszugehen:

⇒ Wenn Trude Herr Köln abgöttisch liebte, dann würde ich/ würdest du erwarten, dass sie nicht immer auf dem Absprung stand.

Auf dieser Annahme können wir generalisieren. Ein erster Schritt wäre die Generalisierung von der Dyade auf eine Sprecher-Gruppe:

⇒ Wenn Trude Herr Köln abgöttisch liebte, dann würde man erwarten, dass sie nicht immer auf dem Absprung stand.

5. Ein zweiter Schritt könnte die Generalisierung der referierenden Nominalphrasen und des Tempus zum Atemporalen und Habituellen sein:

⇒ Wenn jemand eine Stadt abgöttisch liebt, dann würde man erwarten, dass er/ sie nicht immer auf dem Absprung steht.

Beide Generalisierungsschritte wären empirisch abzusichern.

6. Einer näheren Betrachtung wert ist der Modifikator *würde erwarten*. Alternative Formulierungen wären: *dann ist/ wäre es normal . . .* oder *dann ist es häufig so . . .* und andere. Auf die Abwägung dieser Alternativen soll es uns hier nicht ankommen. Wichtig ist aber, dass derartige Stereotypen von uns nicht geglaubt werden müssen, wir halten uns raus, stellen nur dar. Sogar der Sprecher muss sie nicht glauben; er unterstellt sie nur, etwa um vom Partner verstanden zu werden, seine Zustimmung zu finden. Darum ist etwa in folgendem Beispiel die Unterstellung nicht einfach ein Glaubenssatz der Sprecherin oder des Sprechers:

- Ich habe erkannt, dass ich dich immer noch liebe. Aber selbst, wenn du der einzige Mann auf der Welt wärst, ich kann nicht mit dir zusammenleben.

⇒ Wenn man jemanden liebt, ist es normal/ ist zu erwarten, dass man mit ihm zusammenlebt oder zusammenleben möchte.

7. Man könnte eine allgemeinere Prozedur präzisieren, wie man die Stereotypen aus solchen Sätzen herausholt. Stattdessen möchte ich hier unser Grundthema aufreißen und Einiges über die Liebe herausfiltern. Als Anzeiger der Konzessivität sind gewählt: *aber, sondern, obwohl, obgleich, wenngleich, trotzdem, trotz*. Hier zuerst die Beispiele:

- Mein Mann liebt mich. Aber er hat auch eine Geliebte.
- Tomas liebt Teresa. Aber obwohl er sie so sehr liebt, dass er ihretwegen das angenehme Züricher Exil verlässt und zurückkehrt ins kommunistisch beherrschte Prag, ist er dennoch außerstande, ihr treu zu sein.
- Ich liebe unser Kind doch, in seiner Verworfenheit und Unschuld, über alles, obgleich es, das arme, unsere Strafe ist.
- Trotz aller Liebe zur Bühne sehen die beiden Künstler den Theaterbetrieb kritisch.
- Schulz bedankte sich mit zwei Moritaten nicht nur für ihr persönliches Präsent, sondern allgemein für die Liebe, die der älteren Generation trotz der hektischen Zeit noch zuteil wird.
- Ich fange den Brief an in der Hoffnung, dass Du Vater mich trotz allem noch lieb hast und besser lesen wirst, als ich schreibe.
- Friederich! Ich habe trotz allem nie aufgehört, dich zu lieben.

8. Und hier die Stereotypen in Formulierungsvarianten:

⇒ Wenn ein Mann eine Frau liebt, hat er gewöhnlich keine Geliebte.

⇒ Wenn jemand (ein Mann?) so sehr liebt, dass er Schweres auf sich nimmt, könnte man erwarten, dass er treu ist.

⇒ Sein Kind liebt man auch, wenn es eine Strafe ist.

⇒ Wer die Bühne liebt, steht dem Theaterbetrieb normalerweise nicht kritisch gegenüber.

⇒ Wenn die Zeit so hektisch ist, wäre es normal der älteren Generation weniger/ keine Liebe zuteil werden zu lassen.

⇒ Ein Kind kann selbstverständlich erwarten, dass sein Vater es noch lieb hat, auch wenn es allerhand angestellt hat.

⇒ Man liebt auch noch, wenn einem viel angetan wurde.

9. Die Formel *trotz allem* ist typisch in Liebeszusammenhängen, wenngleich sie ja immer kontextuell oder situationell auf Unterschiedliches weist. Die Liebe überwindet manches.
Wären weitere Verallgemeinerungen der Liebesstereotypen erlaubt?

10. Einen anderen Zugang bieten metaphorische Modelle. Sie können als Stereotypen aufgefasst werden. Sie sind formuliert als einzelne Aussagesätze. Für die Liebe gibt es eine große Zahl metaphorischer Modelle. Ein wichtiges lautet:

- Liebe ist Flüssigkeit.

Man kann den Partner sogar mit Liebe überschütten.

11. Das Modell hat damit zu tun, dass wir abstrakte Kontinuativa metaphorisch als Substanzen fassen. Wir haben keine Kategorie, keine Bezeichnung für diese Art von Gegenständen. Und darum scheint hier nur metaphorische Rede möglich. *Liebe* ist ein reines Kontinuativum. Im Gegensatz zu konkreten Kontinuativa wie *Wasser* sieht man nicht, wie man Liebe aufteilen oder portionieren könnte; dies scheint eine Eigenschaft aller abstrakten Kontinuativa, wie auch *Ehre, alles Gute*.

12. Liebe ist konzipiert als reines abstraktes Kontinuativum. Sie ist unteilbar und zeitlos; wir verwenden keine divided reference. Sie ist ein Ganzes, an dem wir alle teilhaben können. Und wenn wir an ihr teilhaben, dann nicht an einem Teil, sondern an der ganzen Liebe. Würden Sie sich nicht dagegen verwahren, dass Sie nicht mehr an der Liebe teilhaben könnten, weil schon so viele andere lieben? Wenn es deshalb Liebesknappheit gäbe?
Darum kann Liebe auch überall sein, und zwar nicht nur ein Teil von ihr, sondern die ganze Liebe. Und als pures Kontinuativum ist sie auch kontinuierlich in der Zeit. Die Liebe ist ewig.

13. *Liebe* ist ein grammatisch-semantisches Chamäleon. Mit *die erste Liebe* können wir von einer Episode reden und auf ausgetretenem Deutungsweg auch von einer Person. Eine andere Frage ist: Wovon reden wir, wenn wir von der Liebe sprechen, mit sogenanntem institutionellem Artikel? Wir müssen damit nicht sprechen von einer individuierten Liebesepisode oder metonymisch von einer Person, einem Liebespartner, und schon gar nicht vom Begriff der Liebe. Denn der ist nicht süß. Wir meinen damit jene eine Liebe in ihrer Gesamtheit, das reine Kontinuativum. Wir betonen damit – fast wie bei einem Proprium – die Unikalität und die Allgemeinheit. Ähnlich *das Wasser, die Zeit, das Böse*.

14. Ist das Flüssigmodell korrekt formuliert? Ist es wirklich ein Stereotyp? Glauben wir das wirklich? Eine alternative Formulierung wäre:

- Liebe ist wie eine Flüssigkeit.

Sie scheint die Sache besser zu treffen. Aber sie rekonstruiert das Metaphorische als Vergleich und schießt damit über das Ziel hinaus. Man distanziert sich ganz realistisch. Der Sinn der Metapher ist aber, dass eben nicht verglichen wird, sondern irgendwie gleichgesetzt.
Dennoch müssen wir solche Fälle unterscheiden von Stereotypen wie

- Liebe ist Leid.

Dies ist kein metaphorisches Modell, sondern real.

15. Eine andere Frage ist, wie weit die jeweilige Metapher schon verblasst ist und was das zu besagen hat. So wird man aus der Verwendung von *Quelle* nicht mehr unbedingt schließen können, das jeweilige X sei als Flüssigkeit gesehen. Zu wenig ist das Bild dahinter noch sichtbar. Aber es geht auch hin und her: Die Redeweise könnte von einem konkreten Bild „Quelle der Liebe" ausgehen, das Bild könnte aber erst nach der metaphorischen Redeweise gemalt werden.

16. Ein anderes metaphorisches Modell:

□ Liebe ist in uns.

Dies ist ein Sonderfall der Containermetapher, nach der so Vieles in uns ist, zum Beispiel alle Gefühle.

- Sie war leidenschaftlich, voller Liebe, Sehnsucht und Traurigkeit.

17. Eruierung und Formulierung metaphorischer Modelle werfen viele Fragen auf. Einige wollen wir erst einmal an folgendem Modell erörtern.

- Zwei sind eins.

Dieses Modell hat einen direkten Bezug zum Liebes-Frame, der ja zwei Slots hat. Beim Einser-Slot eine Personenrolle, beim Zweier-Slot eine weitere Rolle, die aber im prototypischen Fall auch durch eine Person besetzt ist. Beide sind aneinander gebunden, gefesselt. Ein Miteinander und Ineinander. Manche würden auch ein Submodell ansetzen:

- X ist Besitz von Y.

18. Eine Quelle für Stereotypen können auch allgemeine Sentenzen sein, wie sie in Texten öfter vorkommen. Solche Sentenzen sagen etwas allgemein, habituell und eher atemporal über die Liebe. Hierzu gehören auch Sprichwörter, Redensarten und geflügelte Worte. Wie weit die Sentenzen allerdings geglaubt werden und wie weit sie unsere Auffassung der Liebe prägen ist, eine andere Frage.

19. Hierzu eine kleine Beispielsammlung:

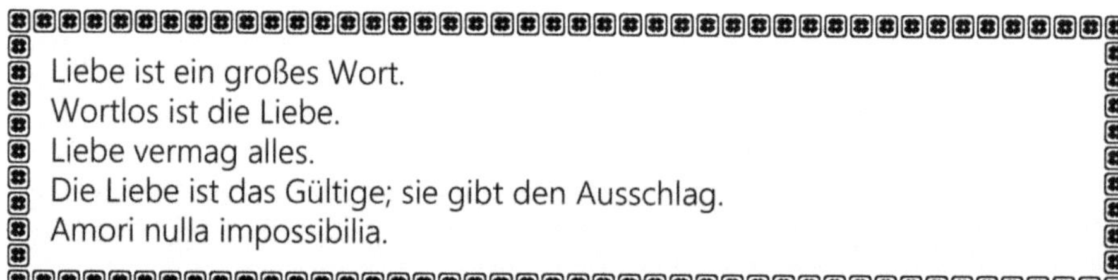

Liebe ist ein großes Wort.
Wortlos ist die Liebe.
Liebe vermag alles.
Die Liebe ist das Gültige; sie gibt den Ausschlag.
Amori nulla impossibilia.

Liebe muss leiden.
Der, der liebt, leidet.
Niemand kann von Liebe sagen ohne Liebesschmerz. (J. Wenzig)
Jedes Überschießen des Glaubens und der Liebe führt in das Leiden.
Denn wer die Liebe kennt, kennt auch das Leid. Wer sie aber nicht kennt, der kennt höchstens „die Schönheit".

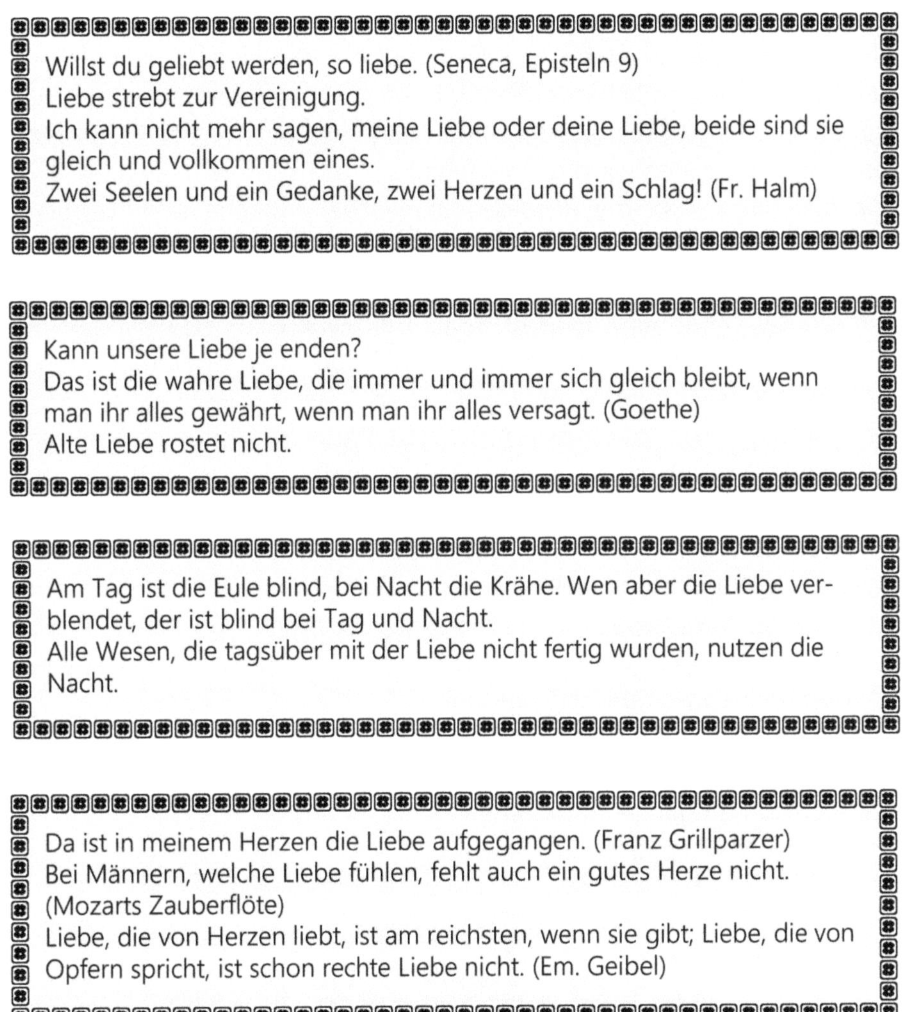

Willst du geliebt werden, so liebe. (Seneca, Episteln 9)
Liebe strebt zur Vereinigung.
Ich kann nicht mehr sagen, meine Liebe oder deine Liebe, beide sind sie gleich und vollkommen eines.
Zwei Seelen und ein Gedanke, zwei Herzen und ein Schlag! (Fr. Halm)

Kann unsere Liebe je enden?
Das ist die wahre Liebe, die immer und immer sich gleich bleibt, wenn man ihr alles gewährt, wenn man ihr alles versagt. (Goethe)
Alte Liebe rostet nicht.

Am Tag ist die Eule blind, bei Nacht die Krähe. Wen aber die Liebe verblendet, der ist blind bei Tag und Nacht.
Alle Wesen, die tagsüber mit der Liebe nicht fertig wurden, nutzen die Nacht.

Da ist in meinem Herzen die Liebe aufgegangen. (Franz Grillparzer)
Bei Männern, welche Liebe fühlen, fehlt auch ein gutes Herze nicht. (Mozarts Zauberflöte)
Liebe, die von Herzen liebt, ist am reichsten, wenn sie gibt; Liebe, die von Opfern spricht, ist schon rechte Liebe nicht. (Em. Geibel)

Die gewählte Ordnung dürfte leicht zu erkennen sein.

20. Noch ein Wort zu den metaphorischen Modellen. Die Grundidee wird man zurückführen auf Lakoff/ Johnson 1988. Danach müssen wir nicht jeden uneigentlich oder metaphorisch verwendeten Ausdruck für sich deuten. Es gibt hier ausgetretene Wege des Verstehens, sozusagen Modelle, nach denen wir öfter vorgehen.

Wie formuliert man die Modelle? In welcher Sprache und welchem Register? Eine erste Forderung müsste sein, sie so aufzubauen, abzugrenzen und zu formulieren, dass man möglichst viele Redeweisen unterbringt. Die innere Struktur eines Modellbereichs sollte vor allem durch Inferenzen bestimmt sein. So wären Submodelle nichts Anderes als Implikate. Aber immer bedenken: Es gibt keine Konsistenz der Modelle, weder intern noch extern. Es gibt Widersprüche zwischen verschiedenen Modellen.

Hier noch ein Aufriss von vier weiteren Modellen der Liebe.

- Liebe ist innen.
- Liebe ist Rausch und Fieber.
- Liebe ist Naturgewalt.
- Liebe ist Wärme.

An allen hängen weitere Redeweisen.

So ist die Liebe umso größer, je weiter sie innen ist, je tiefer sie ist.

Sie ist umso intensiver, je rauschhafter.

Sie ist umso heftiger, je stürmischer.

Sie ist umso stärker, je heißer.

21. Metaphorische Modelle sind produktiv.
Für Aphoristiker, für Dichter und für Linguisten mögen sie als Anregung dienen. Sie erkennen, um welche es geht. Lassen Sie sich also anregen.

Lass mich dein Brandstifter sein!
Sag mir, wo die Lunte ist.
Die Ehe dient der Liebe als Feuerwehr.
Wo's brennt, da qualmt's.
Heute wegen Überhitzung geschlossen.
Feuer züngeln und zutzeln.
Wir sollten es auf kleiner Flamme köcheln lassen.
Bald bin ich durch durchs Fegefeuer, meine Liebste.
Schwelen, knistern oder prasseln. Nichts wird sie mir vermasseln.

Täglich drei Tropfen Liebe – Hahnemann lässt grüßen.

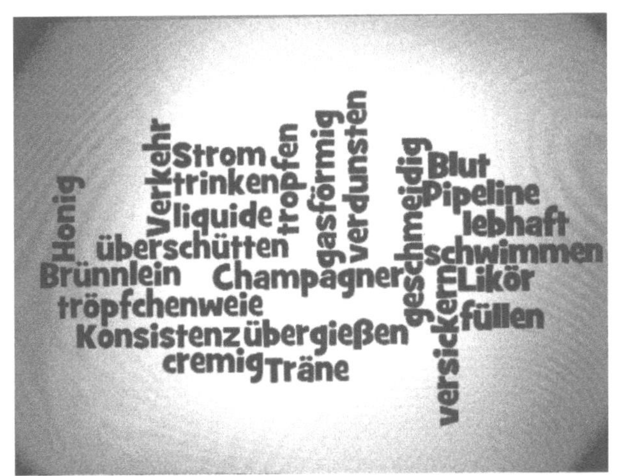

Süße Bronnen –
der Liebe Wonnen.

Über die Jahre
versickerte der Strom.

2. Meaning, that is to say, . . .

22. John Austin beginnt seinen berühmten Essay „The Meaning of a Word" (Austin 1961: 23) mit der Gegenüberstellung sinnvoller und nicht sinnvoller Redeweisen. Sinnvoll seien:

- What is the meaning of the word 'rat'?
- What is a 'rat'?

Nicht sinnvoll sei:

- What is the meaning of a word?

23. Er lehnt damit schon genau die Frage ab, mit denen sich Semantiker in ihren Grundüberlegungen befassen. Wenn es um die Grundlagen der Linguistik geht, wird natürlich Bedeutung eine zentrale Frage sein. Meist geht man aus von einem Kommunikationsmodell, nach dem etwa eine Vorstellung in der Kommunikation vom Kopf des Sprechers in den Kopf des Hörers kommt.

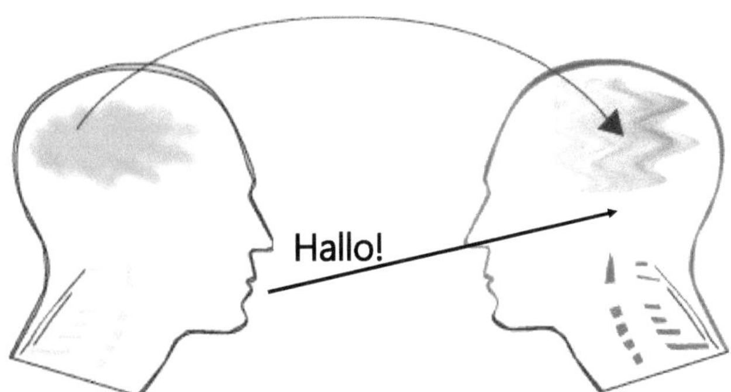

24. Im Anschluss wird die Bedeutung gesehen als Eigenschaft von Zeichen. So etwa John Locke: Von der Bedeutung der Worte:

> . . . wie die von Natur so gut dazu geeigneten Worte von den Menschen zur Bezeichnung ihrer Vorstellungen benutzt worden sind. Es geschah nicht wegen einer natürlichen Verbindung zwischen bestimmten artikulierten Lauten und einzelnen Vorstellungen, denn dann würde es nur eine Sprache für alle Menschen geben, sondern willkürlich; ein beliebiges Wort wurde zum Zeichen einer Vorstellung erhoben.

25. Auch dafür gibt es didaktisch orientierte Modelle. Hier das klassische von de Saussure. Danach hat ein Wort oder ein sprachlicher Ausdruck zwei Seiten: Unten die Ausdrucksform und oben die Bedeutung, sinnigerweise links nur ein Wort in Anführungszeichen und rechts gar ein schematisiertes Bildchen gedacht als Vorstellung.

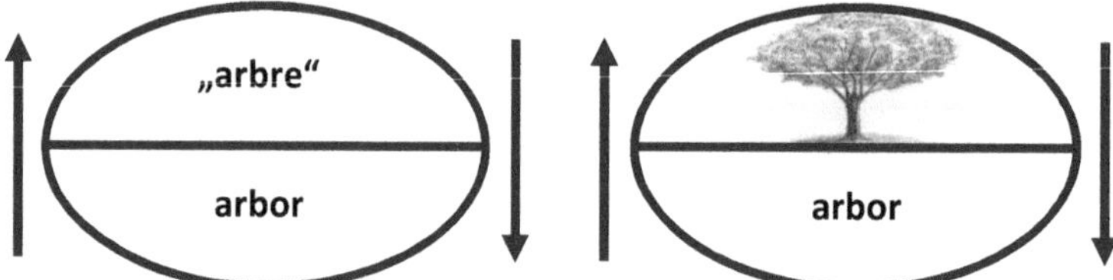

Und nun das Ganze terminologisch verallgemeinert.

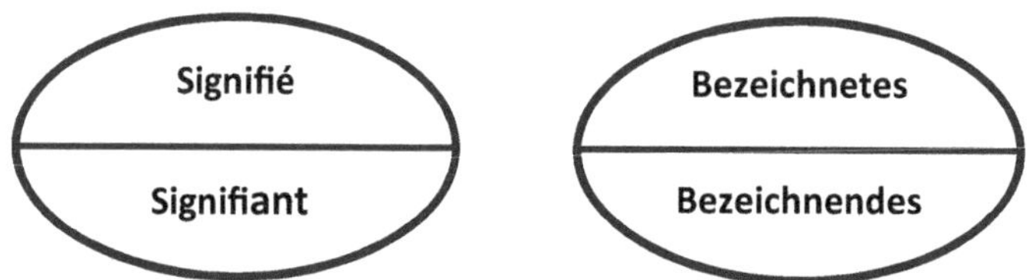

Das Modell dann ausgebaut zum Dreieck: Man kommt hier erst über den Begriff zu bezeichneten Sache.

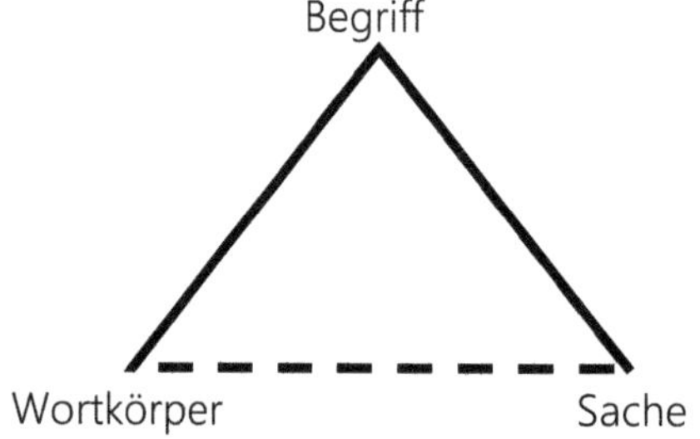

Und schließlich theoretisch noch weiter angereichert zum Trapez.

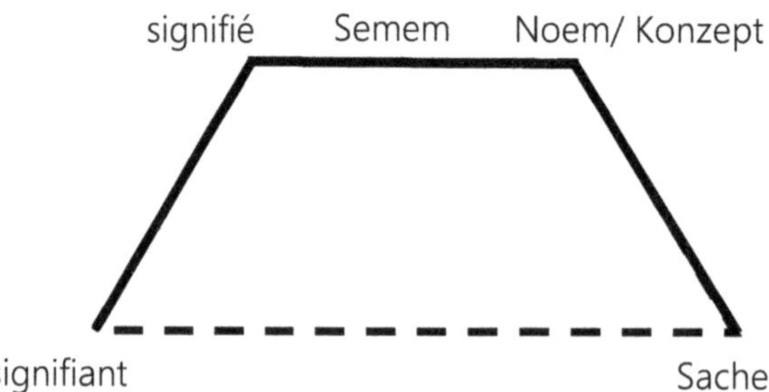

26. All überall finden wir Konstrukte aus dem platonischen Himmel. Die Theoretiker tun sich schwer mit ihren Etiketten. Von den theoriegeladenen *Semem*, *Begriff* und *Noem* zu einfachen Alltagswörtern wie *Sache*. das allerdings sehr eigen oder idiosynkratisch verwendet wird für Bäume und ulkiger vielleicht für Italiener, für Hausaufgaben und natürlich für Liebe. Die Liebe eine Sache?
All dies ruht auf einer Art Mythos über die Natur der Sprache. Gängige Vorstellungen von Sprache und einschlägige mentale Bilder sind etabliert und geprägt von mythenartigen Geschichten. Sie scheinen besonders wirksam, weil Geschichten hohe didaktische Plausibilität haben. Außerdem wirkt die Herkunft aus Religion und Philosophie sakralisierend. Solche Mythen wurden jetzt reihenweise entzaubert. Etwa

- Sprache ist ein Abbild der Welt.
- Sprache ist Übereinkunft.
- Eine Sprache ist eine begrenzte Einheit.

(Ernst/ Freienstein/ Schaipp 2011)

27. In all den Modellen wird nicht gefragt, wieso in verschiedenen Köpfen das Gleiche sein soll und wie man das feststellt. Das wäre doch eine wichtige Frage für die luftige Theorie.
In der Praxis jedenfalls wird nicht gekuckt nach Mentalem und beschrieben wird es erst recht nicht. In schlichten Wörterbüchern wird die Frage „Was bedeutet X" schon mal beantwortet mit der Antwort auf „Was ist ein X." Allgemein kann man sagen: In Wörterbüchern erhalten wir als Beschreibung der Bedeutung oder als Bedeutungsangabe eine Paraphrase. Oder sollte es gar ein Synonym sein? Die Bedeutung ist das gewiss nicht. Auch wenn man es auffüllt durch Kontextangaben und Verwendungsexempel. Für viele Wörter eignet sich das Verfahren überhaupt nicht. Schauen wir online nach *weil*, finden wir etwa grammatische Angaben oder gehedgte und kaum überprüfbare Synonymik:

> Subjunktion, die einen kausalen Nebensatz einleitet
> veraltet: Subjunktion mit der Bedeutung ‚solange'

28. Von all den luftigen theoretischen Höhen steigen wir hinab in den alltäglichen Sprachgebrauch der Linguisten. Wir analysieren, wie sie das Wort *Bedeutung* verwenden und werden so vielleicht sehen, was sie drunter verstehen.

29. Übrigens, das Saussuresche Ei wurde von ihm nur didaktisch verwendet und machte vielleicht deshalb Furore.

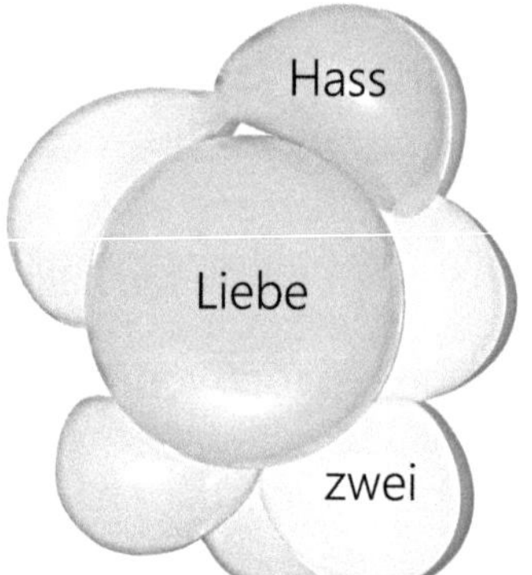

An anderer Stelle vergleicht Saussure das Zeichen mit einem Ballon: das sôme als Hülle und das Gas im Inneren, das ohne die Hülle ein Nichts wäre (oder eine amorphe Masse). Die Ballons mögen sich aneinander lagern und gegenseitig begrenzen.

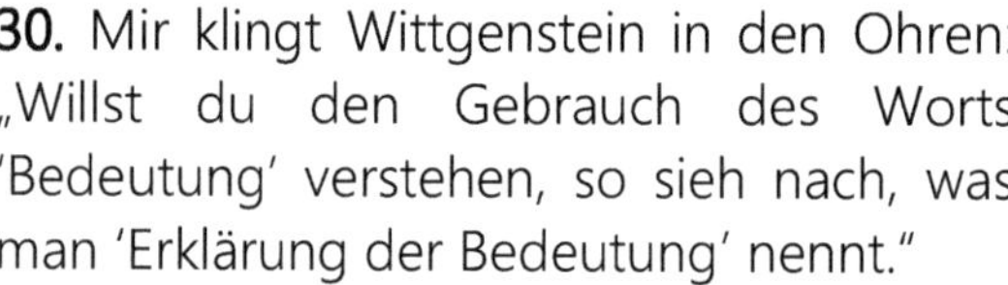

30. Mir klingt Wittgenstein in den Ohren: „Willst du den Gebrauch des Worts 'Bedeutung' verstehen, so sieh nach, was man 'Erklärung der Bedeutung' nennt."

Wollen wir wissen, was Linguisten unter Bedeutung verstehen, schauen wir, wie sie das Wort verwenden. Vielleicht sehen wir da auch, welche Eigenschaften sie Bedeutungen zuschreiben, für welcher Art Gegenstand sie Bedeutung halten.

Das Anfangscredo lautet: Die Semantik beschreibt die Bedeutung von Wörtern und Sätzen. Auch luftiger: Sie befasst sich oder beschäftigt sich mit der Bedeutung. Gemeint sind natürlich die Semantiker. Besser vielleicht: Semantik ist eine Form des Redens über Bedeutungen von sprachlichen Ausdrücken. Das Reden-über kann als eine Form der Darstellung ausgeformt werden oder schon etwas windschief als Beschreibung. Zu reflektieren immer: Wie man das tut.

31. Ich gehe hier vor in Form von Thesen mit Kommentar,.

- **Ein Wort hat eine Bedeutung.**

Die Bedeutung gehört zu je einem Wort, sie ist irgendwie an ihm festgemacht und festzumachen. Die Bedeutung gewinnt ihre Identität mit dem Wort. Über das Wort? Für viele wäre sie ohne das Wort nicht existent. De Saussure: „. . . rien de distinct dans la pensée avant le signe linguistique." Andere aber holen sie als Begriffe aus dem Himmel oder als Vorstellungen aus den Köpfen.

Nun beginnen schon ein paar hygienische Maßnahmen. Ein Wort sollte ein Wort der langue sein. Dem Wort als type kommt die Bedeutung zu. Bei den Okkurrenzen und tokens reden wir besser von Sinn. Manche auch von Lesart oder in bestimmten Fällen von Referenz. Auf jeden Fall kommt einem langue-Wort kein bezeichneter Gegenstand, keine Referenz zu, höchstens ein Referenzpotential.

Bedeutung hat auch Konkurrenten, technisch basierte wie *Denotation*: „Im wesentlichen ist die Bedeutung eines Inhaltswortes eine Beschreibung der Art von Entitäten, auf die man mit dem Wort referieren kann." Ich nenne keine Namen. Das ist ja schön gehedgt. Aber was ist gemeint mit „im Wesentlichen" und was wäre das Unwesentliche? Die Definition spielt im alten Mythos von Sachen und Dingen. Für wie viel Prozent des Wortschatzes würde sie denn gelten? Außer Nomen alle andern bedeutungslos? Und auch bei den Nomen! Darunter auch unser *Liebe*.

Ein anderer Konkurrent ist *Inhalt*, das auf einem metaphorischen Modell basiert, nach dem die Bedeutung irgendwie im Wort ist. Vielleicht so wie in Saussures Ballons.

Ich versuche nicht, das ganze Feld hier in Ordnung zu bringen, will aber noch kurz eine Fassung des Wortbegriffs abwehren: das Wort als Name und seine Bedeutung als Gegenstand, als Person, gar als Ereignis. Im Gegensatz zu Wörtern werden Namen vergeben. Sie werden sozusagen festgemacht am Namensträger. Sie benennen ihn, das ist ihre Funktion. Bedeutung haben manche Namen in einem anderen Sinn, so dass man etwa sprechende Namen ausdeuten kann wie *Liebstöckl* (auch unterschiedlich, kreativ und unterschiedlich interessant) und gar ihrer Entstehung aus Appellativa nachgehen kann: *Katzenellenbogen*.

Im Gegensatz zu Namensträgern wird die Bedeutung fast immer als abstrakt gedacht. Etwas Mentales? Das gibt dann allerhand Möglichkeiten der Metaphorisierung, um sie so in den Griff zu bekommen.

- **Bedeutungen sind unbestimmt, vage.**

Öfter heißt es auch undeutlich, unscharf oder unspezifisch.

Schon bei Eigennamen wie (die Person) X tauchten entsprechende Fragen auf: Wann begann X? Mit der Zeugung, der Befruchtung, der Geburt? X hat einen von 10 Fingern verloren. Wieso ist sie noch X? Bei Appellativen wird es noch wilder. Was ist noch grün? Was unterscheidet einen Berg von einem Hügel? Was ist alles Obst und was Gemüse? Ob jemand Schwäbisch spricht, echt Schwäbisch oder nur einen schwäbischen Akzent hat? In der Praxis helfen wir uns da durch Festlegung. Aber nur wenn's fraglich wird.

Nicht ganz klar ist, was diese Annahme mit der Bedeutung zu tun hat. Vage hat etwas mit Aussagen und Formulierungen zu tun.

Es geht dann bei der Vagheit vor allem um die Frage, ob man entscheiden kann, ob eine Behauptung wahr ist oder nicht. Bei einer Elle Stoff etwa, weiß man das nicht so genau. Darum spürt man Bedarf zu präzisieren, vielleicht zu definieren. Dann – und nicht nur dann – braucht man einen Maßstab außerhalb. Man setzt eben einen wie das Urmeter in Paris.

Was das für die Bedeutung von *Meter* bewirkt – heaven knows.

Um mit der Vagheit umzugehen wurde sie auch als Prototyp gefasst. Das ist aber kein Heilmittel. Denn außerhalb des prototypischen Kerns bleibt ja die verschwommene Peripherie. Und im Übrigen ist auch dies wieder Metaphorik, in Bildchen dargestellt als Gebiet oder gar Bildchen von Gegenständen wie Tassen oder Vögeln.

- **Eine Bedeutung hat keine klaren Grenzen.**

Dies ist eine Folge oder eine Art Alternative zur Vagheit. Metaphorisch wird hier Bedeutung als ein Bereich, ein offenes Feld gefasst.
Auch das mag zwar Anlass zum Grenzen Setzen geben, zum Definieren. Aber warum? Es gelingt vielleicht für bestimmte Zwecke, in bestimmten Bereichen. Für das Ganze höchstens im bescheidenen Rahmen.
These 2 wie 3 finden bei gutwilliger Deutung ihre Begründung im Spracherwerb. Als Kind schließen wir von den erstbesten Verwendungen, vom erstbesten Verständnis weiter auf ähnliche Fälle. Die Bedeutung ist sozusagen eine Hypothese, die beim nächsten mal erprobt wird. Doch ein Ende findet das nicht. Zwar werden die Unterschiede langsam faden, aber eine Grenze ist dem nicht gesetzt.

- **Die Bedeutung kann sich wandeln.**

Hier geht es vom flächigen Modell zum räumlichen. Demnach hätten Bedeutungen auch eine zeitliche Ausdehnung.
Worin besteht ihre Identität? Ohne ein Wort, ohne eine Formulierung können wir nicht über Bedeutungen reden. Sie bleiben immer festgemacht an einem Wort. Und das Wort? Es wandelt sich ja auch. Nur Wörter haben einen physischen Unterbau. Für dessen Darstellung haben wir belastbare, wenn auch typisierende Beschreibungsmittel.
Was wäre eine Bedeutung ohne das Wort? Jedes Wort hat eine Bedeutung. Doch hat jede Bedeutung auch ein Wort? Klingt etwas strange.
Was wandelt sich, wenn die Bedeutung sich wandelt (oder wandeln gar wir sie)? Die einfache Antwort: Der Begriff wandelt sich, ein durchgehendes Etwas wieder. Aber wie das? Was sich wandelt oder besser immer wieder neu ist, sind die Zusammenhänge, die Situationen, in denen das Wort verwendet wird. Keine Situation ist einer anderen gleich. Und es gibt kein durchgehendes Etwas.
Im Bilde Wittgensteins geht es wie bei einer Schnur: Kein Satellit muss sich durchziehen. Satelliten mögen wie Fäden im Seil enden oder gar draußen.

♦ **Eine Bedeutung hat bestimmte Merkmale.**

Sie ist durch Merkmale charakterisiert und wir können sie mit Merkmalen charakterisieren.

Dazu werden Bedeutungen analysiert, die Elemente als Merkmale benannt. So bekommt man die Merkmale und ganze Merkmalsbündel. Es werden dazu gemeinsame Bedeutungszüge ermittelt:

Leck, Loch, Fenster, Düse → Öffnung

aha!, jählings, baff → ???

Wieso man bei Bedeutungen auf diese Redeweise kommt? Vielleicht setzt man sich als Vorbild Wissenschaften wie die Chemie. Allgemein analysiert man schon mal Situationen und Bodenproben, Fehler, Schwächen oder Schwachstellen.

In der Analyse wird die Bedeutung zerlegt in ihre Elemente, eben Merkmale oder Seme.

Vater s_1s_2,	Mutter s_1-s_2,
Tochter -s_1-s_2,	Sohn ??

Sie können die Seme formulieren. Seme sollen dann öfter elementar sein, also nicht weiter zerlegbar, gelten als semantische Primitive. Sie sind aber Wörter und natürlich zerlegbar, in Phoneme zum Beispiel. Gemeint scheint die Bedeutung der Semwörter sei nicht weiter zu zerlegen. Aber auch die wäre zerlegbar in diesem Modell:

erwachsen = Alter, über einer gewissen Grenze

Wir schrabben haarscharf an der Trivialität vorbei.

♦ **Eine Bedeutung kann man definieren.**

Bedeutungen werden erklärt, angegeben, erfasst, beschrieben. Das wird natürlich nicht so einfach gehen, wenn sie vage und offen sind.

Man kann eine Art Paradox erkennen, wenn Bedeutungen einerseits beschrieben werden sollen und andererseits definiert. Wie es ja wohl überhaupt nicht die Aufgabe empirischer Wissenschaftler sein sollte, den Untersuchungsgegenstand zu definieren.

In diesem Ansatz wird immer Metasprache verwendet, zumindest als solche deklariert. Ihr Beschreibungsvokabular ist das Problem.

- **Ein Wort kann mehrere Bedeutungen haben.**

Korollar: Man kann sie unterscheiden.

Ein Wort hat zwei Bedeutungen. Gibt es da im Saussureschen Ballon zwei Kammern? In der Regel läuft die Argumentation etwa so: Semantiker stellen fest, dass das Wort zwei Bedeutungen hat. Wie tun sie das? Kommen sie dazu nach ihrer sprachlichen Intuition? Oder gelingt ihnen keine Beschreibung als Einheit? Bei den gängigen Beispielen scheinen viele Sprecher die gleiche Intuition zu haben. Aber auch für sie entscheidet es sich an einer Beschreibung, einer Darstellung zumindest.

In einem ersten Fall mag man bemerken, dass mit dem Wort von ganz unterschiedlichen Arten von Dingen die Rede ist. Dies könnte man gut zeigen am Standardbeispiel *Schloss*, bei dem ja sogar Dinge der zweiten Art sich in einem Ding der ersten Art befinden könnten. Merke: Eine solche Argumentation liefe wohl nur bei Wörtern, die Dinge bezeichnen können, sowohl reale wie fiktive (etwa bei *Drachen*?). Im Fall von *Schloss* werden meist sogar zwei Wörter gesehen.

Analog ist der Fall von *Bank*. Hier aber scheint die Intuition der Sprecher so weit gegangen, dass sie zur Differenzierung ein hartes Kriterium haben entstehen lassen: die unterschiedliche Pluralbildung.

Wenn wir von substantivischen Beispielen weggehen und zu Wörtern wie *leicht* hin, wird das Kriterium der Dingkategorie nicht mehr funktionieren. Wie wird dann argumentiert?

Die Darstellung einer Bedeutung als Einheit wirft die Frage der Methode auf. Zum Beispiel könnte eine methodische Maxime sein: Beschreibe jede Bedeutung als Einheit bis zum Beweis des Gegenteils (was man auch dem zubilligen könnte, dass es einfach nicht gelingt, wenngleich das eine Umkehrung der Beweislast wäre). Da wären vielleicht einige Kautelen angebracht. Im Fall von *Bank* stellt sich die Frage, wie weit die Sprecherintuition historisch reicht. Die Geldbank war ja historisch eine Bank. Hier – wie gesagt – haben Polysemer aber die Pluralbildung auf ihrer Seite. Im Fall von *Schloss* sieht man aber auch einen eher synchronischen Zusammenhang: Es gibt ja die gemeinsame Mutter *schließen*. Könnte man von da aus die Gemeinsamkeit sehen?

Meine Intuition wie mein Wissen sagen mir, dass Sprecher wie Semantiker sie nicht sehen oder sie wegargumentieren könnten. Es wäre dann so, dass das jeweils Bezeichnete soweit auseinanderdriftet, dass die Familiengemeinsamkeit hintan gestellt wird.
Zwischendurch bemerkt: Wir bewegen uns immer auf der Ebene von Beschreibung und Darstellung. In der Gebrauchstheorie wird man für Wörter verschiedene Verwendungsweisen entdecken und Ähnlichkeiten, Familienähnlichkeiten unter ihnen. Die Familienähnlichkeit könnten wir begründen damit, dass es gängige Deutungswege von einer zur anderen gibt. Semantiker müssten also eruieren oder definieren, was gängige Deutungswege sind. Etymologisches Wissen etwa nicht, Metaphorik aber doch. Pars pro toto könnte ein gängiger Deutungsweg sein, vielleicht auch Akt vs. Produkt in *Beschriftung*, Autor vs. Werk in *Hast du Wittgenstein gelesen?*
Polysemie liegt dann vor, wenn es keinen gängigen Deutungsweg zwischen zwei Verwendungsweisen gibt. Das wird zum Beispiel manifest, wenn die Deutung in Verwendungen umschlägt oder kippt (so wie der Aspekt in Wittgensteins Hasen-Enten-Kopf). Manifest wird es im Kippeffekt bei Wortwitzen. Einige abgestandene hier:

> Er sitzt, weil er gestanden hat.
>
> Wie fanden Sie das Steak? – Indem ich alle Kartoffeln weggeschoben hab.
>
> Was steht auf dem Grabstein einer Putzfrau? – Sie kehrt nie wieder!
>
> Seit drei Tagen habe ich eine neue Brücke. – Über welchen Fluss?

Überlegen Sie auch, was gemeint sein könnte mit:

> Ich möchte eine Uhr, die richtig geht. Finde aber keine mit Beinen.

- **Bedeutungen kann man vergleichen. Ähnlichkeiten und Unterschiede ermitteln.**

Der Usus ist, Bedeutungsformulierungen zu vergleichen. Bedeutungen direkt zu vergleichen wäre ja nicht ganz einfach, etwa das Mentale oder die Begriffe im platonischen Himmel. Wir haben es mit einer verkürzenden Redeweise zu tun, die Bedeutung gleichsetzt mit der Paraphrase.

- **Einer Bedeutung können verschiedene Wörter zukommen.**

Das ist natürlich eine Umdrehung der üblichen Redeweise, nach der zwei Wörter die gleiche Bedeutung haben können. Das wird dann immer gleich gehedgt, dass es nämlich Synonyme in diesem Sinn eigentlich gar nicht gibt. (vergessen de Saussure: „Die absolute [. .] Feststellung zum sprachlichen Zeichen: die Unmöglichkeit, ein Synonym zu schaffen.") Und darauf werden bedeutungsverwandte aufgeführt. Aber Verwandtschaft und Ähnlichkeit sind graduell. Weiß man, wo sie anfangen, wo aufhören? Welche Kriterien könnten hier greifen?

Je nach Bedeutungsauffassung sollte Bedeutungsgleichheit unterschiedlich feststellbar sein. Sollte die Bedeutung ein Begriff oder ein Konzept sein, fragt man sich, wie man die vergleichen könnte. Sollte die Bedeutung eine Art Vorstellung oder mentales Bild sein, weiß man auch nicht so recht, wie man die vergleichen könnte. (Prinzipiell fragt sich, wie ein mentales Bild von *Überschall* oder *reizend* aussehen könnte). Sollte die Bedeutung schließlich die Extension (oder Denotation) sein, wären alle mit Nullextension synonym, also *Einhorn* und *Drachen*. Im Übrigen sollte man sich doch erinnern, dass schon Frege gezeigt hat, dass zwar *Morgenstern* und *Abendstern* die gleiche Extension haben, aber gewiss nicht die gleiche Bedeutung (in dem Sinn, wie wir hier *Bedeutung* verwenden). Eine andere Auffassung kommt der unseren schon näher: Zwei Wörter sind synonym, wenn sie in allen Kontexten keinen Bedeutungsunterschied bewirken. Nur muss man da halt wissen, welche Bedeutung die Kontexte mit den Wörtern haben.

In der distributiven Semantik kehren wir um: Wir stellen Bedeutungsähnlichkeit auf empirisch überprüfbare Füße.

De Saussure: „Die Bedeutung würde ohne das Zeichen nicht existieren. Sie ist das Zeichen von hinten."

- **Man kann verschiedene Arten Bedeutung unterscheiden.**

In traditionellen Semantiken ist es üblich, verschiedene Arten der Bedeutung zu unterscheiden: die eigentliche, die sprachliche, die emotive, die assoziative, die subjektive, die stilistische, die expressive, die soziale usw.

Die assoziative Bedeutung ist wohl gedacht als Assoziationen, die Sprechern über die Denotation hinaus in den Sinn kommen. Aber die Denotation muss ihnen doch auch in den Sinn kommen. Wie wäre sie auszugrenzen?

Eine andere Frage bleibt, wie wären diese Bedeutungsarten untereinander abzugrenzen: die assoziative von der subjektiven, die eigentliche von der sozialen, die emotive von der expressiven?

- **Eine Bedeutung kann schwanken.**

Diese Redeweise erscheint erst einmal natürlich-sprachlich. Da wird natürlich nicht von der langue-Bedeutung geredet. Schwankend werden Bedeutungen gesehen, weil nicht alle Menschen gleich berührt werden und nicht ein Mensch zu allen Zeiten. Die Bedeutung schwankt innerhalb einer weiten Bandbreite und je nach den Umständen und dem Zusammenhang des Textes. Das könnte man auch unter Vagheit führen und Bedeutung etwa im Sinn von Sinn verstehen. Es schwankt in der parole.

In linguistischen Zusammenhängen wäre das Schwanken wohl eher unter Ambiguität zu führen. Und da würde ich eher vom Kippen reden, so wie in Wortwitzen vielleicht:

> Fräulein, haben Sie eine Brücke. – Ja, haucht sie schamhaft. – Hinter dem Pfeiler scheinen die Hunde zu urinieren.

Für dieses Phänomen der schwankenden Bedeutung wird auch (poetischer?) vom Schillern gesprochen. So habe etwa *Lust* eine schillernde Bedeutung. Und sicherlich könnte man das von *Liebe* auch sagen.

32. Alles Reden über Bedeutung, über Ambiguität, über Synonymie ruht auf einer sprachlichen Darstellung. Wir kommen nicht aus dem Schneider.
Klassische Semantik gibt im Grunde nur Paraphrasen oder mehr oder weniger synonyme Ausdrücke für ein Wort. Ihr Ziel der Übersichtlichkeit will sie erreichen durch Systematisierung ihrer Metasprache. Ihre Metasprache nährt sich aber wesentlich – zumindest was Bedeutung betrifft – von natürlicher Sprache, oft die gleiche wie die Objektsprache. Befremdlich scheint die Idee, dass die Normierung zum Zwecke der Übersichtlichkeit dem eigentlichen Ziel gerecht werden könne. Wie sollte das gehen, wenn die Metasprache ärmlicher ist als die Objektsprache?

33. Die Aufgabe der präzisen Beschreibung von Bedeutung setzt immer schon die Kenntnis der Bedeutung voraus. Wie sollte die Beschreibung sonst überprüft werden.
Die distributive Semantik setzt sich erst einmal das Ziel, die Bedeutung darzustellen, sie zu zeigen.
Aber auch damit kommen wir in einem radikalen Sinn nicht aus dem Schneider. Wir müssen deuten und darstellen. Wir müssen auf unser Vorwissen zugreifen. Frage nur: Wie begründet?

3. Was gibt ihm Leben? – Im Gebrauch lebt es.

Ludwig Wittgenstein

34. In diesem Buch geht es um distributive Semantik. Die distributive Semantik geht davon aus, dass die Bedeutung von Wörtern sich im Textstrom konstituiert, dass sie im Textstrom erworben wird, dass sie sich also im Text zeigen muss. Darum scheint es nahe liegend, dass Semantiker Bedeutungen auch aus Texten destillieren könnten.

35. Die distributive Betrachtungsweise ist nicht vom Himmel gefallen. Die Idee ist mit großen Namen der Linguistik verknüpft. Vorneweg der Altmeister des Distributionalismus Zellig Harris. Er hat damit begonnen, die Identität sprachlicher Entitäten als konstituiert zu sehen durch ihre Distribution. Das hat er zuerst appliziert auf Phoneme und Morpheme, und da wurde es als methodische Befreiung von der Semantik gesehen.

> The parts of a language do not occur arbitrarily relative to each other: each element occurs in certain positions relative to certain other elements. (Harris 1970: 775/ 776)
>
> The distribution of an element will be understood as the sum of all its environments. An environment of an element A is an existing array of its co-occurrents, i.e. the other elements, each in a particular position, with which A occurs to yield an utterance. (Harris 1970: 775)

36. Doch dann ist Harris selbst drauf gekommen, diese Methode auszuweiten auf Wörter und Texte und so in der Semantik selbst zu verwenden. Auch hierfür war ausschlaggebend eine Grundüberzeugung:

> Language does not occur in stray words or sentences, but in connected discourse – from a one-word utterance to a ten-volume work, from a monolog to a Union Square argument. (Harris 1952: 3)
>
> . . . our interest [is] in the empirical statement of how [the elements] occur: which ones occur next to which others, or in the same environment as which others, and so on. (Harris 1952: 5)

37. In klassischen semantischen Arbeiten sind distributionelle Aspekte keine Seltenheit.

> Toute signification naît d'un contexte, que nous entendions par là une situation ou un contexte explicite, ce qui revient au même. (Hjelmslev 1943, 1968: 67)
>
> Le „sens" d'une forme linguistique se définit par la totalité de ses emplois, par leur distribution et par les types de liaisons qui en résultent. (Benveniste 1954/ 1966: 290)

Man muss hier zwar Distribution nicht im technischen Sinn verstehen, aber die Richtung ist klar.

38. Neben dieser Form des Distributionalismus haben wir den englischen im Rahmen des sog. britischen Kontextualismus, der besonders mit dem Namen Firth verbunden ist.

> The central proposal of the theory is to split up meaning or function into a series of component functions. Each function will be defined as the use of some language form or element in relation to some context. Meaning, that is to say, is to be regarded as a complex of contextual relations . . . (Firth 1968: 173)
>
> It can be safely stated that part of the 'meaning' of cows can be indicated by such collocations as „They are milking the cows", „Cows give milk". (Firth 1968: 180)
>
> The statement of meaning by collocation and various collocabilities does not involve the definition of word-meaning by means of further sentences in shifted terms. Meaning by collocation is an abstraction at the syntagmatic level and not directly concerned with the conceptual or idea approach to the meaning of words. (Firth 1957: 195)

Die Reihenfolge meiner Zitation lässt uns hoffen, dass anfängliche Halbherzigkeit besserer Überzeugung gewichen ist.

39. Es ist nicht gerade üblich, die Bedeutung wirklich mit der Distribution gleichzusetzen oder sie wenigstens in der Distribution zu suchen. Gängiger ist die Überzeugung, dass die Bedeutung irgendwie anders zustandekomme, anders existiere denn als Distribution. So entspreche aber etwas in der Distribution der Bedeutung oder spiegle sie wider.

> Now meaning is of course a determinant in these . . . choices when we speak. But as we make these choices we build a stock of utterances each of which is a particular combination of particular elements. And this stock of combinations becomes a factor in the way later choices are made; for language is not merely a bag of words but a tool with particular properties which have been fashioned in the course of its use. (Harris 1970: 785)
>
> . . . if we consider words or morphemes A and B to be more different in meaning than A and C, then we will often find that the distributions of A and B are more different than the distributions of A and C. In other words, difference of meaning correlates with difference of distribution. (Harris 1970: 785/ 786)
>
> Though we cannot list all the co-occurrents of a particular morpheme, or define its meaning fully on the basis of these, we can measure roughly the difference in selection between elements, say something about their difference in meaning. (Harris 1970: 787)

Aber auch Harris ist nicht radikal. Das scheint eben das Schicksal neuer Ansätze, dass sie nicht von alten Vorstellungen loskommen. Drum sollten wir Harris wenden: Von der Distribution zur Bedeutung.

40. Der Sündenfall des Distributionalismus, der sich hier andeutet, war die Betrachtung von ausgedachten Mengen, Klassen und Kategorien an Stelle der realen Einheiten. Das war sicher auch ein Problem des Handlings, weil man eben mit den riesigen Datenmengen sonst nicht zurechtgekommen wäre. Daher die Überzeugung, die Untersuchung des Wortschatzes könne nicht auf einer Aufzählung der jeweiligen Umgebungen basieren. Dafür seien er und sie zu groß und zu unüberschaubar. Die Distribution der Wörter muss also in eine generalisierte Form gebracht werden. Frage nur wie? Und ohne Entstellung.

41. Eine zweite Kritik scheint fundamental:

> Eine rein distributionelle Semantik ergibt bestenfalls ein uninterpretiertes (sic!) Kalkül von Bedeutungsdifferenzen. (Schiffko 1975: 82)

Ja, das wollen wir gerade. Aber es muss nicht so bleiben.
Denken wir daran: Wie ist das bei historischen Analysen? Alles Text, nur Text, auch wenn sich viele was vorgaukeln und von Konzeptualisierungen und Produktionsbedingungen reden. Auch die gewinnen sie nur aus den Texten.
Auch wir wollen mutig sein. Wir sehen die Distribution als Bedeutung.

42. Man könnte sich auch erinnern an die psycholinguistischen Experimente, die die semantischen Fähigkeiten von Kindern unter Beweis stellten (Werner/ Kaplan 1950). Die Kinder bekamen fremde Wörter, nämlich Kunstwörter wie *corplum* und *bordick*, in je sechs Sätzen präsentiert. Anschließend wurden sie befragt, was ein corplum sei. Und siehe da, sie wussten es. Sie konnten auch beurteilen, in welchen neuen Sätzen *corplum* richtig verwendet war. Menschen gewinnen aus wenigen Beispielverwendungen und Kontexten Hypothesen über die Bedeutung eines Worts, Hypothesen, die sie ständig updaten.

43. Möchten Sie es selbst versuchen? In einem kleinen Experiment für ein deutsches Wort, das Sie gut kennen: der Dumdum.
Ein erster Schritt:

Liebe [und] dumdum [. . . Gewalt|und] Tod

die Spirale von dumdum und Gewalt

aus den|dem Teufelskreis von dumdum [und] Gewalt

Wut dumdum . . . Trauer . . . Gefühle

gegen dumdum [und] Intoleranz

voller [. . .] dumdum und

Ein zweiter Schritt:

> den dumdum auf|gegen alles [. . .] Fremde
> unbändigen dumdum gegen alles Deutsche . . .
> blanker dumdum [. . .] entgegenschlug
> dumdum und Zwietracht säen
> mit antisemitischer Hetze zum dumdum gegen Juden aufgestachelt haben
> schüren dumdum . . . Vorurteile

Und das Finale als Lösungstext?

> Der dumdum ist etwas, das in uns drin ist. Er kann wie Zwietracht in uns gesät werden. Steht im Zusammenhang mit Liebe, Gewalt und Tod.
> Ein Gefühl? Wir können voll davon sein und er kann von außen angestachelt und geschürt werden.
> So mag er in eine Spirale ausarten, wie die Gewalt, in einen Teufelskreis gar. Man muss dagegen angehen wie gegen Intoleranz.
> Der dumdum richtet sich gegen andere Menschen, etwa Juden, denen er blank entgegenschlägt.

44. Wir müssen uns darüber im Klaren bleiben:

- Es gibt keine einheitliche Auffassung, was eine Bedeutung ist.
- Es gibt keine Einigkeit darüber, was die Bedeutung irgendeines Wortes ist.
- Es gibt keine Klarheit darüber, wie die semantische Darstellung eines Wortes aussehen sollte oder gar aussieht.
- Es gibt keine Methoden, die uns verlässlich die Bedeutung eines Worts gewinnen ließen.

Auch macht es wenig Sinn, solche Fragen im luftleeren Raum zu diskutieren. Mit der distributiven Semantik wollen wir Argumente gewinnen, die zur Abklärung der Probleme beitragen können. Es ist ein Versuch. Wir stehen zu Strawson: „As theorists, we know nothing of human language unless we understand human speech." (Strawson 1971: 189) Hinab zu parole und hinauf zur langue!

4. Why all these stories are unsatisfying is that they end too soon.
(Fillmore 1976: 22)

45. So ist es. Dieses Manko dürfte mit den Zwecken semantischer Analysen zusammenhängen.
Ziel semantischer Theorien scheinen oft Definitionen. Der normative Zungenschlag dieser Redeweise bleibt meist verdeckt oder irrelevant, aber die Kürze wird manifest. Und selbst wenn es um Festlegungen in modernen Semantiken kaum geht, so werden ihre Darstellungen doch normativ durch ihre Verkürzung und Schematisierung.
Bei den Definitionen könnte man sich fragen: Was sollte da eigentlich definiert werden? Ist die Bedeutung schon bekannt? Jedenfalls hat die Rede von Definitionen sicherlich zum Ideal der Kürze beigetragen. Und kurz sollte die Darstellung für praktische Zwecke sein, für schnelle Information über die Bedeutung.

46. Aber eine Bedeutung ist eine lange Geschichte. Denn der Gebrauch eines Wortes in der Sprache ist eine sehr lange Geschichte. Und um davon wenigstens etwas zu erfassen, braucht es wenigstens eine short story. Nur die pedantische Beschreibung bringt Einsichten in die Sprache und ihren tatsächlichen Gebrauch. Nur die detaillierte Darstellung des Gebrauchs offenbart die konstitutive Rolle eines Wortes für die Kultur, für die Weltansicht, für uns.
Die Annahme einer definitorischen Bedeutung lässt die Sprache zu einem dürren Gerüst verkommen.

47. Vielleicht kann man in der Bedeutung einen Kern und eine Peripherie unterscheiden. Alte Semantik zielt auf den Kern; den Rest sollen die Sprecher erschließen mit ihren semantischen Fähigkeiten der Ausdehnung, Übertragung und Inferenz. Aber gibt es einen solchen Kern?
Im klassischen Ansatz wird er methodisch bestimmt: Die Bedeutung von *Vater* ermitteln wir rein im Kontrast zu anderen Wörtern wie *Mutter, Kind* usw. Wir befolgen dabei das Prinzip der Sparsamkeit: Zur Bedeutung gehöre nur, was zur eindeutigen Abgrenzung nötig ist. Alles, was darüber geht, sei von Übel.

48. So gehöre zum Sachwissen oder zum enzyklopädischen Wissen, in welchem Alter Männer Vater werden oder werden können, Probleme der Vaterschaft, Anerkenntnis der Vaterschaft, gesetzliche Regelungen für die Vaterschaft und dergleichen.
Kluge Semantiker erfassen den Gebrauch mit ihrem Sprachgefühl. Auch die objektiver gedachte Methode, die sich auf Belege stützt, bleibt subjektiv. Denn wie ermittelt man methodisch die Bedeutung aus Belegen? Sollte man da nicht eine verlässlichere Methode suchen?

49. Die Verwendungen eines Wortes sind einander ähnlich, familienähnlich, wie Wittgenstein es nannte. Die Frage, ob allen Verwendungen etwas gemeinsam sei, kann nur dadurch beantwortet werden, dass man zeigte, was das jeweils wäre.
Aber warum soll das allen Gemeinsame gerade so interessant sein? Sind die Einzelheiten, die vielen Details und Nuancen nicht viel interessanter? (Wieso können wir alle die vielen Nuancen erfassen?)
Für das Erlernen der Bedeutung scheint ein Gemeinsames wichtig, weil wir die Fähigkeit haben, aus dem Gemeinsamen auf die Nuancen zu kommen. Weil wir die Fähigkeit haben, aus dem Gemeinsamen die feinen Nuancen zu erschließen? Ja, so etwas können wir.
Beim Lernen bekommen wir erst einmal irgendeine Verwendung, und wir müssen aus der erstbesten Verwendung schon ein Gemeinsames erschließen; nicht gleich das Gemeinsame.
Man kann unsere Sprachfähigkeit auch so sehen: Wir erschließen aus den Verwendungen Gemeinsames, wir kondensieren sie sozusagen. Und wir erschließen aus dem Gemeinsamen die jeweilige Deutung, die Nuancen. Und wir kommen von einer Deutung zur nächsten über gängige Wege, über Ähnlichkeit, über Familienähnlichkeit.

50. Traditionelle Semantiken sind wesentlich introspektiv und individualistisch. Ein Linguist schöpft die Bedeutung aus seiner eigenen Kompetenz. Er unterstützt sich dabei durch Belege verwendeter Wörter, eruiert deren Bedeutung aber, indem er aus den Belegen die Bedeutung gewinnt. In welcher Weise Eigenschaften der Belege hierbei eingehen, ist weder untersucht noch methodisch kontrolliert.

51. Fragen wir also:

- Wieviel Belege bräuchte es, um die Setzung einer Bedeutung zu rechtfertigen?
- Wie hoch müsste der prozentuale Anteil entsprechender Belege sein?
- Welche Belegeigenschaften gingen in die Bedeutungsfeststellung ein?
- Wie erfiltert sich der Linguist die Bedeutung aus Belegen?

52. Die introspektive Linguistik wie die introspektive Semantik verdienen nur in einem sehr spezifischen Sinn das Werturteil „empirisch".
Die introspektive Semantik leidet an einer unglaublichen Makroskopie.

53. Demgegenüber scheint ein entdeckendes, entwickelndes Verfahren empirisch erfolgreicher. Es werden nicht einfache strukturelle Zusammenhänge an das Korpus herangetragen, sondern die Strukturen aus dem Korpus eruiert. Vor allem können Semantiker interaktiv ihre Fragestellungen und Interpretationen anpassen und verbessern. Es scheint plausibel, dass damit eine wesentliche Beschränkung entfällt. Nicht die untersuchenden Linguisten bestimmen die Bedeutungshypothesen, sie werden aus dem Korpus ermittelt und von Linguisten nur gedeutet. Ziel des entdeckenden Verfahrens ist die Vielfalt zu entdecken.
Von der Qualität zur Quantität zur Qualität.

54. Eine empirische Semantik basiert auf einem Textkorpus.
Das Korpus sollte möglichst zusammenhängende Texte enthalten (auch weil die Text-Übergänge von der Methode ignoriert werden).
Das Korpus sollte möglichst groß sein.
Endet da der Marsch durch die Intuitionen?

55. Die Gesamtheit der Sätze ist die Sprache.
Ludwig Wittgenstein

5. You shall know a word by the company it keeps.

John R. Firth

56. Die Grundthesen der distributiven Semantik:

- Die Bedeutung eines Wortes kann gewonnen werden aus einem Korpus.
- Dazu werden keine beschreibenden Äußerungen des Linguisten benötigt.

57. Unsere Daten gewinnen wir überwiegend mit der Kookkurrenzanalyse von Belica im Recherchesystem des IDS. „Als empirische Basis für dieses Forschungsvorhaben wurde [. . .] auf der Grundlage eines Korpus der Gegenwartssprache von ca. 1, 8 Milliarden laufenden Textwörtern eine Kookkurrenzdatenbank zu etwa 150.000 Wörtern aufgebaut." (http:// corpora.ids-mannheim.de/ ccdb).

58. Die Kookkurrenzanalyse arbeitet mit rein statistischen Mitteln. Statistisch wird die sog. Log-Likelihood-Ratio verwendet. Eine Erklärung zu geben ist hier nicht der Platz. Ein alternatives Verfahren wäre die sog. mutual information, bei der Übergangswahrscheinlichkeiten verwendet werden. (Zu diversen Verfahren Emerson 2018, Schneider 2019)

59. Das Belica-Verfahren sucht das Korpus ab nach einem Suchstring, einer Wortform und merkt sich die Positionen, an denen der String im Korpus vorkommt. Betrachtet wird als Umgebung ein Belegfenster mit:

- x Wörtern links,
- y Wörtern rechts.

Dies wird mathematisch als Vektor behandelt. Die Frage ist, ob man hierbei Satzgrenzen beachten soll. Grammatisch Orientierte würden vielleicht an Satzgrenzen Halt machen. Textsemantisch scheint aber klar, dass damit alle satzübergreifenden Relationen verloren gingen.

Man gewinnt eine Liste von Wörtern aus der Umgebung des Strings mit ihrer Häufigkeit. „We used an extended iterative collocation algorithm to extract higher-order collocations. [. . .] By default, the algorithm looks for collocates of any order within a context window (around the focal word) whose size is determined dynamically." (Keibel/ Belica 2007: 1)

60. Das Verfahren fragt: „Ist die Anzahl beobachteter Wörter in der Gesamtheit der definierten Umgebungen um ein vorgegebenes Wort herum in der Größenordnung dessen, was aufgrund ihrer Häufigkeiten in der Gesamtmenge, dem Gesamtkorpus, zu erwarten wäre? Wenn ein Wort häufiger als erwartet erscheint, dann haben wir einen Hinweis darauf, dass das Wort nicht zufällig in der Umgebung gelandet ist, sondern dass vermutlich irgendetwas dahintersteckt. Das irgendetwas kann eine sprachliche Affinität zum vorgegebenen Wort sein." (Perkuhn/ Keibel/ Kupietz 2012, 123). So kann man mit Recht vermuten.

61. Die Plattform stellt overt zweierlei Ergebnisse zur Verfügung:

- Eine Wortliste hochfrequenter Kookkurrenzpartner
- Syntagmatische Muster, die das typische Umfeld zeigen

62. Die Wortlisten wird man im Normalfall nach Frequenz geordnet verwenden. Man kann sie auch alphabetisch geordnet erzeugen oder nach Wortarten gefiltert.
Der Anschaulichkeit halber werde ich hier Listen umformatieren. Eine erste Darstellungsform sind sog. Wordles oder Wortwolken, in denen die semantische Nähe durch die Schriftgröße dargestellt ist: Je affiner ein Satellit, umso größer gedruckt. Der Übersichtlichkeit halber wird auch das Stichwort integriert.
Hier ein erstes Wordle zu *Liebe*. Die Affinitätswerte sind logarithmisch als Schriftgröße dargestellt.

63. Die zweite Darstellungsform lehnt sich an die üblichen Darstellungen zu Wortassoziationen an. In dem Stern steht das Stichwort in der Mitte umgeben von den Kookkurrenzpartnern als Satelliten: Je affiner, desto näher beim Zentrum.

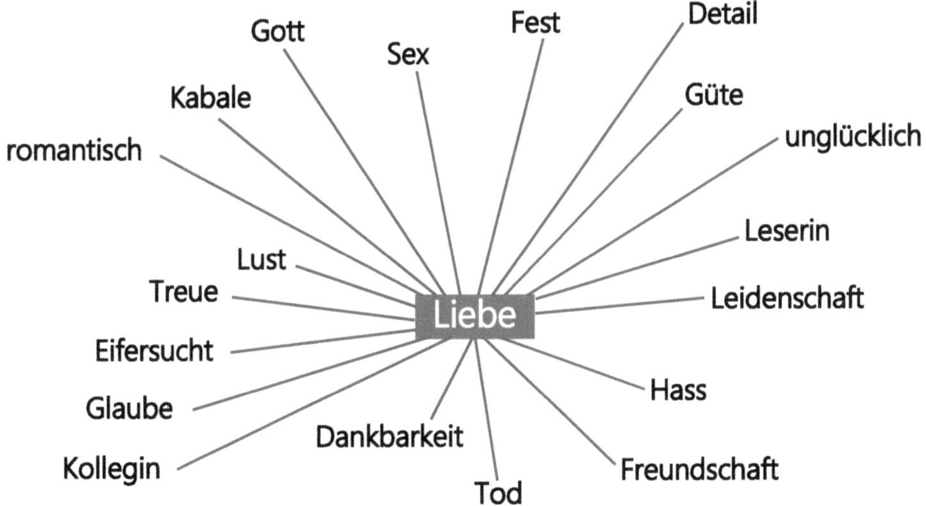

63. In syntagmatischen Mustern sind die typischen Strings wiedergegeben und für Untypisches Leerstellen freigehalten. Für unsere Zwecke ist nicht das ganze Tool zu erklären. Ein Ausschnitt mag genügen, natürlich für *Liebe*:

26241	**Dankbarkeit** Güte gedenken	2	100%	gedenken in Dankbarkeit ihrer Liebe Güte
26241	Dankbarkeit Güte	26	80%	Voll Dankbarkeit für alle Liebe [und] Güte die
26241	Dankbarkeit	1972	96%	In Liebe [und] Dankbarkeit
12829	**Detail** viel großer Sorgfalt	2	100%	großer Sorgfalt und viel Liebe . . . Detail
12829	Detail viel großer	5	80%	großer Sorgfalt und viel [. . .] Liebe zum Detail
12829	Detail viel Sorgfalt	6	50%	mit viel Sorgfalt und Liebe zum Detail

Von links nach rechts: Zahl signifikanter Treffer, allgemeines Muster, Zahl der Funde des fett gedruckten Partners, Prozentzahl = wie häufig die Reihenfolge im Muster eingehalten ist, syntagmatisches Muster.

65. Das Kookkurrenzprofil eines Wortes ist die Menge aller seiner syntagmatischen Muster. Wir können das Kookkurrenzprofil als Ausformung seiner Distribution verstehen.

66. Eine Nutzung der CCDB besteht in der Erzeugung sogenannter Self-Organizing Maps (SOM). In einer SOM werden Wörter aufgeführt entsprechend der Ähnlichkeit ihrer Kookkurrenzprofile. Die Wörter stehen also für ihre Distribution. Die SOM bietet eine Art semantisches Netz eng bedeutungsverwandter Wörter. Hierzu werden Cluster von Profilen gebildet, die eine besonders hohe Ähnlichkeit untereinander aufweisen. Zwischen den Clustern wird eine gemittelte Distanz bestimmt, die dann für eine geometrische Anordnung zugrunde gelegt wird.

67. Eine SOM dieser Art besteht aus 25 Feldern, die je einen semantischen Cluster abbilden. Grenzen und Zahl der Carrés sind Artefakt. Sie werden gesetzt und könnten variiert werden. In den Daten, ja in der Sprache gibt es keine Sprünge, nur Übergänge. Die Sprünge machen wir im Kopf. Auch als Linguisten.

68. Wir zeigen die SOM zu *Liebe*.

Liebe

Herzblatt Jungfrau Widder Neumond Dekade Vollmond Jupiter Sternzeichen	Genießen	unerfüllt	Leidenschaft unstillbar Suff Besessenheit gebiert obsessiv Unterwerfung Verlangen	Sex Sexualität Verführung Begierde Niedertracht Begier Sühne Voyeurismus
Flirt Liebesleben		Einsamkeit Verliebtheit Verzweiflung Alleinsein Pein Todessehnsucht Gefühl Heimatlosigkeit	Wut Auflehnung Ekel unbändig Abenteuerlust Scham Erniedrigung Verbitterung	Eifersucht grenzenlos aufkeimen Anziehung Hass Haß entflammen Missgunst
Liebesbeziehung Zweisamkeit Liebhaber Liebschaft Liebende Männerfreundschaft Liebesgeschichte Liebesaffäre	Sehnsucht Erotik herzzerreißend Parabel bittersüß	Verletzlichkeit Vergeblichkeit Wonne Lebenslust Schwermut Empfindung Wehmut Tragik	Zärtlichkeit Trauer voller Freude Hoffnung hergerissen Bitterkeit Fremdheit	Zuneigung Hassliebe Haßliebe Feindschaft Bewunderung empfinden Rivalität hegen
platonisch Traum schwärmerisch sehnen besingen besungen sehnsuchtsvoll zutun	Vergänglichkeit Intimität Sinnlichkeit Intellekt unendlich Innerlichkeit Körperlichkeit Poesie	Heldentum Zartheit Empfindsamkeit Innigkeit Lebensfreude Lebenskraft Emotionalität Fröhlichkeit	Zusammengehörigkeit Geborgenheit Herzlichkeit Vertrautheit wachhalten Empathie Ehrfurcht	Dankbarkeit Freundschaft innig aufrichtig Verehrung Anteilnahme Mitgefühl entgegengebracht
Seligkeit Glückseligkeit Erlösung inbrünstig unvergänglich Unsterblichkeit friedvoll Loblied	immerwährend Schönheit Sinnbild Transzendenz Lebenssinn Spiritualität Reinheit Kontemplation	Hingabe Demut Aufrichtigkeit Frömmigkeit Wahrhaftigkeit allumfassend Humanität Weisheit	Treue Barmherzigkeit Nächstenliebe Wahlspruch Güte Mitmenschlichkeit Menschlichkeit Freundlichkeit	lieben Fürsorge schenken unverbrüchlich lieb Aufopferung dein Schenken

Da sie im Buchformat hier schwer lesbar wäre, wird sie in Ausschnitten vorgeführt. Oben die Felder 1 und 5, unten 21 und 25. Beeindruckend scheint, wie konsistent die Cluster erscheinen. Beeindruckend auch, wie trennscharf wir die beiden Aspekte oben kontrastieren sehen.

Treue
Barmherzigkeit
Nächstenliebe
Wahlspruch
Güte
Mitmenschlichkeit
Menschlichkeit
Frömmigkeit

Sex
Sexualität
Suff
Verführung
Begierde
Begier
Voyeurismus
Gier

1				5
21				25

Jungfrau
Widder
Neumond
Dekade
Vollmond
Jupiter
Sternzeichen
Mond

immerwährend
Heldentum
Glückseligkeit
Erlösung
Schönheit
Sinnbild
Transzendenz
Lebenssinn

69. Wir sind versucht, die Carrés zu benennen oder mit einem Slogan zu versehen:
1 = Liebe deinen Nächsten: der soziale Aspekt
5 = Körperliche Liebe: Sex und was dazu gehört, auch Unangenehmes
21 = Liebe: im Himmel und in den Sternen
25 = Grenzenlose, hehre Liebe: Über das Hier und Jetzt hinaus

70. Eine SOM zeigt Ähnlichkeiten in räumlicher Anordnung. Sie ist partiell ein Artefakt. Die Carrés basieren auf wohldefinierten Ähnlichkeiten, die wir semantisch ausdeuten. Sie mögen uns anregen zu Erzählplots oder kleinen semantischen Geschichten. Auf Liebe, Schönheit und Gerechtigkeit können wir uns locker einen Reim machen. Wir können auch kleine Sätzchen dazu erfinden (oder aus dem Korpus fischen):

◊ Liebe weckt Begierde.

◊ Liebe = ein Sinnbild des Lebens.

Damit lägen wir aber eher falsch. Die Carrés zeigen eigentlich nicht Aspekte der Bedeutung, wie man annehmen könnte. Die distributive Semantik zeigt den Zusammenhang, in dem ein Wort verwendet wird. Sie zeigt diesen Zusammenhang im Zusammenhang mit anderen Wörtern. Ob wir den Zusammenhang jeweils kurz und knackig formulieren können, ist eine andere Frage.

71. Schauen wir auf Carré 5. Da erscheint etwas befremdlich *Suff*. Was soll das denn mit Liebe zu tun haben? Auch vordergründige Ausreißer können wir ausdeuten. Die Ähnlichkeit beruht auf Ähnlichkeit des distributiven Umfelds, nicht auf direktem thematischen Zusammenhang und schon gar nicht auf Bedeutungsähnlichkeit. Es genügt eine hinreichende Überlappung der Satelliten. Im Fall von *Suff* und *Liebe* wären gute Kandidaten *Sex, verfallen, hingeben*, aber auch *Weib, Frust, Wahn, Heimweh*, die alle als Satelliten von *Suff* ziemlich weit oben kommen. Aber auch zusammen treten die beiden auf, so in einem Buchtitel „Die Liebe und der Suff" und schön (?) gereimt:

Die Liebe und der Suff
Reiben den Menschen uff.
Das beste Reimwort verkneif ich mir.

Die Liebe und der Suff:
Immer feste druff.

72. So eine SOM kann nicht konkurrieren mit klassischen semantischen Formaten, etwa mit Wörterbüchern, mit kurzen Bedeutungsangaben. Aber sie kann als solide Basis für andere Darstellungsformate gesehen und genützt werden. Dafür wären Textdesigns zu entwickeln gemäß den Zwecken und den Adressaten.

73. Weiter in der SOM.

Fürsorge
unverbrüchlich
Aufopferung
Erbarmen
Hilfsbereitschaft
Gott
selbstlos
Mitmensch

Leidenschaft
unerfüllt
unstillbar
Besessenheit
obsessiv
Anziehung
Unterwerfung
selbstzerstörerisch

lieben
schenken
lieb
dein
Schenken
meine
Zeichen
mütterlich

6				10
11				15
16				20

Einsamkeit
Verzweiflung
Wonne
Schwermut
Alleinsein
Pein
Todessehnsucht
Verlorenheit

Herzblatt

Seligkeit
Verletzlichkeit
Erotik
Zartheit
Lebenslust
Innigkeit
Vergänglichkeit
Lebensfreude

Links viel Positives und noch Soziales. Versuchen Sie sich im Detail. Rechts eher das Gemischte bis zu den Schattenseiten. Aber von oben nach unten auch der Weg. Aber bedenken Sie stets: Es geht nicht um einheitliche Bedeutungszüge. Die textuelle Basis ist so gemischt wie die Kookkurrenzprofile. Darum auch *Wonne* in scheinbar fremder Umgebung. Und *Lebensfreude* gleich neben *Vergänglichkeit*.
Zu erklären das einsame *Herzblatt*. Es ist isoliert, weil es keine verwandten Kookkurrenzpofile gibt. Ist das semantisch offen? Vielleicht ist das Carré mit individuellen Kosewörtern aufzufüllen?

	2	3	4	
	7	8	9	
	12	13	14	

Hingabe Demut Herzlichkeit Aufrichtigkeit Freundlichkeit Opferbereitschaft Großzügigkeit Tierliebe	Feindschaft Ehrfurcht Rivalität	Eifersucht Niedertracht gebiert Sühne Hass Verrat Bosheit
innig aufrichtig Anteilnahme inbrünstig Verbundenheit füreinander gieren Wertschätzung	Zuneigung Hoffnung Bewunderung wachhalten empfinden hegen ausdrücken	voller grenzenlos aufkeimen Wut Auflehnung Ekel hergerissen Scham
	Hassliebe Haßliebe Vertrautheit Erinnerung	Trauer Verliebtheit Wehmut Gefühl Freude Bitternis Schwanken Bitterkeit

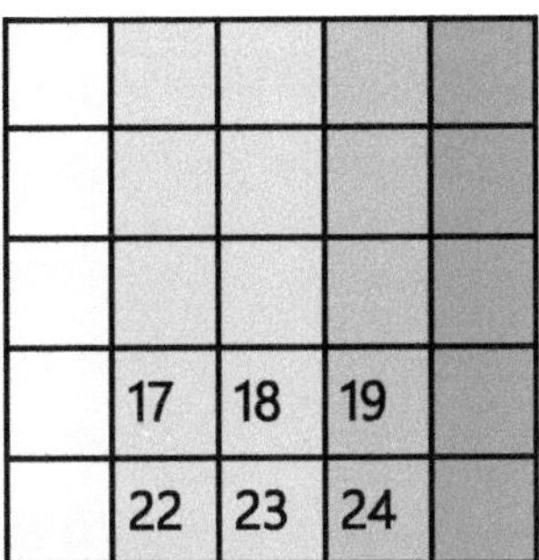

<table>
<tr><td></td><td>Männerfreundschaft
zärtlich</td><td>Sehnsucht
Zärtlichkeit
Vergeblichkeit
herzzerreißend
Empfindsamkeit
Empfindung
Tragik
Intimität</td></tr>
<tr><td>Flirt
Genießen
Liebesleben</td><td>Liebesbeziehung
Zweisamkeit
Liebhaber
Liebschaft
Liebende
Liebesgeschichte
Liebesaffäre
Kuss</td><td>platonisch
Traum
schwärmerisch
sehnen
besingen
besungen
Poesie
sehnsuchtsvoll</td></tr>
</table>

74. Hier geht es mehr ins Innere. Auch da wieder von links nach rechts hin zum Problematischen.

75. Eine der Grundeigenschaften der distributiven Semantik: Sie setzt kein Ende im semantischen Raum. Und darum ist auch jeder Satellit wieder ein Kernwort und so können wir die Zusammenhänge weiter eruieren.

In Carré 7 findet sich *inbrünstig*. Wahrscheinlich haben wir kein Problem, den Zusammenhang mit *Liebe* zu sehen. Aber es geht auch genauer.

Wir sehen, dass es fast schon um wesenhafte Bedeutungsbziehungen der Porzigschen Art geht.

Und wohin führte uns *platonisch* in Carré 24?

Ja, auch zu *Liebe*.

Experimente

6. Jede Deutung hängt in der Luft.

Ludwig Wittgenstein

76. Viele semantischen Darstellungen sind geprägt von der Frage „Was ist X?“, und zwar im landläufigen Sinn, in dem die Frage eine Art definitorischer Antwort erheischt. Fragen dieser Form sind sinnvoll. Aber die Antwort „X ist ein Y . . .“ ist schlecht. Wir haben keine einfache Antwort vorgesehen auf die Frage „Was ist Liebe?“ Insbesondere ist in unserer Sprache kein Y, kein genus proximum vorgesehen.
Einen etwas anderen Zungenschlag zeigt die Frage „Was verstehen wir, was versteht man unter . . .?“ Dann erwartet man doch eher eine detailliertere Antwort, eine, die nicht Objektivität vorgaukelt, sondern auf kollektives Wissen, Glauben und Stereotypen abzielt, kurz auf gedeutete Welt.

77. Könnte ein Wörterbuch da nicht weiterhelfen? Wir werden sehen. Das Wörterbuchformat scheint mir weder wohldefiniert noch einheitlich. Bedeutung als Aufzählung von Eigenschaften, aber welche? Geben sie die vollständige Bedeutung? Etwa das, was man wissen muss, um Verwendungen des Wortes zu verstehen? Welcher deutsche Sprecher weiß das schon alles? Welcher kennt demnach die Bedeutung?
Eine ganz andere Frage ist, ob man als Semantiker gegen das vorherrschende Format, das Lexikonformat überhaupt ankommt. Hat es sich nicht historisch in einer stillen Komplizenschaft von Wörterbuchmachern und Wörterbuchbenutzern entwickelt? Man könnte sich aber wünschen, dass Wörterbuchmacher von der Distribution profitieren.

78. Haben Sie da nicht auch Lust auf Experimente?

Hier brauchen Sie nicht so viel Mut und müssen auch nicht viel wagen. Es sei denn ein Scheitern oder Misslingen – ohne ernste Folgen. Für den Forscher ist das wissenschaftliche Experiment interessant und spannend. Empirische Methoden sind fast immer mit Experimenten verbunden. Das galt schon lange für die Physik, aber auch schon früh für die Seele und den Geist. Der Untertitel des Humeschen Traktats über die menschliche Natur: „Ein Versuch, die experimentelle Methode auf geistige Gegenstände anzuwenden".

79. Das Experiment geht nie vom Uranfang aus. Am Anfang steht eine Vermutung, ein Ergebnis früherer Experimente oder eine Hypothese. In die Konzeption des Experiments gehen dann auch methodische Ergebnisse, frühere Analysen und Analysemethoden ein, die sich im Experiment erneut bewähren müssen. Aber nichts ist sakrosankt.

80. In welchem Sinn reden wir hier von Experiment? Auch hier wird nicht von Grund auf konzipiert. Vor allem wird weniger der Algorithmus selbst als die Nutzung im Fokus stehen.
Ein mögliches Design:

1. Fragestellung wird entwickelt.
2. Experiment wird ausgeführt.
3. Resultate werden gedeutet.
4. Präsentation wird entwickelt.

Das experimentelle Verfahren ist geprägt durch eine gewisse Lockerheit. Das wollen wir uns zugestehen.

81. Empiriker sind entdeckende Anarchisten. Sie könnten nichts Neues entdecken, wenn sie sich strikt an das Bestehende hielten, an die bestehenden Regeln und Methoden, an die bestehenden Kenntnisse.

82. Entscheidend für den Wert der distributiven Analyse ist die Interpretation der Ergebnisse. Die Interpretation ist bestimmt und überlagert von dem Empiriedilemma, dass man eine Analyse konzipiert, um bestimmte Fragen zu beantworten, dass man aber das Design der Antwort nicht kennt und erst recht nicht die Antwort selbst beurteilen kann. Man bekommt, was man bekommt. Man sollte versuchen, das Ergebnis zu verstehen; man muss entdecken, wie man es praktisch nutzen kann – und man sollte diese Nutzung verbessern.

83. Interpretationen der empirischen Ergebnisse ruhen auf der linguistischen Kompetenz und der sprachlichen Kompetenz des Interpretierenden. Sie erscheinen verhältnismäßig subjektiv, die Deutungen leben von ihrer Plausibilität. Den Maßstab für die Beurteilung unserer Ergebnisse haben wir nicht.
Doch unsere Kondensate sind nicht nichtssagend. Nur, was sagen sie uns? Die distributive Darstellung enthält tiefere semantische Aussagen nur versteckt und vielleicht ganz unsichtbar. Sind unsere Kondensate mentale Telegramme? Haben sie psychische Realität? So weit wollen wir nicht gehen. Wir bleiben bei Texten.

84. Vorderhand stellen sich Fragen:

- Wie sind die Linien im Stern oder die Beziehungen in der SOM zu verstehen?
- Woher rührt und was besagt das Clustering?
- Was sagt uns die Anordnung in der SOM?

Ob wir damit allerdings eine verlässliche Interpretationsmethode bekommen, bleibe dahingestellt. Was sie leisten würde, wird immer beurteilt auf der Basis bestimmter Ziele.
Wir bleiben im Experimentierstadium.

85. Der erste Augenschein verleitet uns dazu, den Affinitäten eine Prädikat-Argument-Struktur zu unterlegen. Je nach lexikalischer Kategorie deuten wir „X ist ein Y" oder „X ist Y". Dies ist natürlich falsch.
Die Kondensierung behandelt erstens positive wie negative Prädikationen gleich. Das heißt aus „X ist Y" und „X ist nicht Y" macht sie vielleicht das Gleiche.
Die Kondensierung berücksichtigt zweitens nicht die Indirektheit von Relationen. Sie behandelt eine Prädikation zum Kernwort genauso wie die zu einem Satelliten. Die grammatische Struktur ist ja eliminiert. Und darum wirft sie auch alles zusammen.

86. Halten wir fest: Affinitäten sind keine Prädikationen. Wenngleich das Argument-Prädikator-Verhältnis vielleicht letztendlich zugrunde liegt, ist die Prädikation versickert und nicht recoverable.
Direkte Prädikationen liegen aus mehreren Gründen nicht vor:

1. Die Richtung ist unbekannt. Man weiß nicht, ob X Prädikator zu Y ist oder umgekehrt.
2. Die Prädikation könnte indirekt sein, möglicherweise über mehrere Kettenglieder, so dass ein Satellit eine Prädikation zu einem zweiten sein könnte, der seinerseits zum Stichwort affin ist.
3. Die Affinität ist neutral gegenüber der Negation. Darum kann zu einem Wort sowohl der Satellit als auch dessen Antonym affin sein.

87. Affinitäten sind nur thematische Zusammenhänge. Sie charakterisieren semantische Dimensionen, in denen die Prädikation sinnvoll sein könnte.
Der thematische Zusammenhang von Kern und Satellit mag letztlich mit der Prädikation zu tun haben. Das wäre aber abhängig von deren syntaktischer und semantischer Kategorie. Manche Satelliten bezeichnen überwiegend Gegenstände irgendeiner Art. Andere bezeichnen Eigenschaften irgendeiner Art. So kann man es schematisch und inhaltbezogen darstellen.
Der Satellit ist im Zusammenhang des Stichworts relevant. Es mag beispielsweise naheliegen, im Zusammenhang mit *Liebe* eine Frage zu erörtern, wo man sie spürt oder wie lange sie dauert.

88. In der Semantik ist ein weiterer Grundbegriff nützlich. Eine Dimension eines Wortes ist die Menge aller Wörter, die mit ihm einen sinnvollen prädizierenden Ausdruck bilden können. Die Extension ist also durch die Dimension bestimmt.

89. Der affine Satellit liegt oft in einer semantischen Dimension des Stichworts oder umgekehrt. Er liegt in einem Bereich oder charakterisiert einen Bereich, in dem es sinnvoll ist, über das Stichwort Aussagen zu machen. Ein Satellit erschöpft die Dimension nicht. Die Dimension wird oft nur vom Satelliten und seinem Antonym ausgeschöpft oder aber durch ein Hyponym.

90. Der Satellit ist also kein impliziertes oder implizierendes Merkmal der Bedeutung des Stichworts. Das Verhältnis der beiden ist nicht von der Art, dass, wenn ein Stichwort wahr prädiziert sei, dann auch der Satellit oder umgekehrt. Das Verhältnis zielt nicht auf Wahrheit, sondern auf Sinn. Wo eines sinnvoll prädiziert wird, könnte möglicherweise auch das andere sinnvoll prädiziert werden. Es ist ein wahrheitsfunktional offener Aspekt der Bedeutung des Stichworts. Die Frage der Wahrheit oder Falschheit ist zwar in vielen Fällen zentral, aber sie kann nur im Rahmen des Sinnvollen gestellt werden. Wahrheit liegt innerhalb des Sinns. Darum muss die semantische Dimension weiter sein als die Extension.

Die Relation zwischen Kernwort und Satellit muss nicht im Rahmen der Prädikation bleiben. Sie kann in dem Sinn thematisch sein, dass der Satellit im Zusammenhang des Stichworts eine Rolle spielt. Er gehört in seinen Dunstkreis oder seinen semantischen Hof. Mag das auf sachliche Zusammenhänge zwischen beiden zurückgehen oder auf assoziative oder auf Anspielungen und sprachliche Manipulationen.

91. Im Grunde sind alle Bedeutungsverwandtschaften komplementäre Verteilung in gewissen Regionen. Aber wie bestimmt man die Regionen?

Regionen sehen wir in den Carrés der SOM. Wir sagen, sie zeigen etwas von der Bedeutung. Deutet die Trennung auf Polysemie?

92. Wie unterscheiden wir eine Verwendungsweise von einer anderen? Natürlich ist eine Bank zum Draufsitzen etwas ziemlich Anderes als ein Geldinstitut. Aber wir müssten sie nicht so spektakulär unterscheiden. Wir sehen den Unterschied und das genügt uns für eine Polysemie. Aber das ist ja wohl keine sprachliche Begründung, denn sie wäre bestenfalls in einer schlichten Referenzsemantik möglich. (Und wie steht es mit Drehbänken und Datenbanken?)

93. Wir sprechen von Polysemie eines Worts, wenn wir die kontextuellen Verwendungsweisen nicht regulär auseinander erklären können oder zu können glauben. Bei *geh-e* und *geh-st* können wir das und nehmen ohne weiteres an, es sei das gleiche *geh*.

94. In Fällen, wo eine reguläre Erklärung möglich ist, sollten wir nicht von Polysemie sprechen. Um aber Polysemie generell zu erklären, bräuchten wir eine begründete Unterscheidung von Kontexttypen. Nur dann können wir Polysemie herausfischen aus der ganz normalen Kontextvariation, aus dem ganz normalen Problem, wie ein Wort über seine Bedeutung im Kontext den jeweiligen Sinn ergibt. Denn was unterscheidet Polysemie sonst von sogenannter Kontexteinschränkung?

95. Es wurde behauptet, die distributive Semantik könne mit Mehrdeutigkeiten nicht fertig werden. Nun, ich kenne keine semantische Theorie, die mit Mehrdeutigkeiten in dem Sinn fertig wird, dass sie sie ermittelt. Nicht einmal eine Rechtfertigung für eine postulierte Polysemie kann plausibel gegeben werden – ohne dezisionistische Grundannahmen.

96. Es wurde vermutet, dass polyseme Wörter komplementäre Verteilung hätten. Das kann wieder nur regionale Verteilung betreffen, und es scheint irgendwie vorauszusetzen, man hätte die Verwendungen schon getrennt. Könnte man etwa Regionen im Kondensat abgrenzen?
Komplementäre Verteilung ist nicht gleich Polysemie.
Bei komplementärer Verteilung könnte die Bedeutung nicht kippen. Denn dafür sind sich überlagernde Kontexte nötig. Und vor allem: Komplementäre Verteilung gibt es nur in der Theorie.

97. Ich gehe der Vermutung nach, man könne Polysemie in der SOM erkennen. In meiner Unwissenheit zäume ich das Pferd vom Schwanze auf. Ich inspiziere die SOM eines Worts, das allgemein und sicher für polysem gehalten wird. Ich habe es oben erwähnt. Die SOM muss ich gar nicht zeigen, es erscheinen nur Kollokate, die mit Geldinstituten zu tun haben. Ähnliches gilt für *Schloss* (nur Gebäude) und für *Tor* (nur Ballspiele), von dem anderen *Tor* (dem menschlichen) gar nicht zu reden. Dies ist auf dreierlei zurückzuführen:

1. Eine der Verwendungsweisen ist signifikant häufiger.
2. Die syntagmatischen Muster einer der Verwendungen ist weniger ausgeprägt.
3. Die Datenlage: Das Korpus hat einen bias (etwa Zeitungstexte).

98. Beim polysemen *Hahn* erkennen wir eine Trennung in den Carrés. Allerdings scheinen zweiundzwanzig Carrés auf *Hahn* als Eigennamen zurückzugehen.
Sie sind auch ziemlich unspezifisch.
Carré 5 sieht so aus:

Wasserhahn	5
Geldhahn	
Gashahn	
Ölhahn	

Und Nummer 25 so:

Geiß	24	Gockel	25
Hammel		krähen	
		gackern	
		Misthaufen	
		Gans	
		Spatz	
		Käfig	
		Ente	

Bescheiden daneben Nummer 24, die auf Tiere zeigt.

99. Mit dem kompetenten Blick können wir Einiges erkennen. Aber automatisch geht das nicht. Und dass es für Polysemie keine fließenden Übergänge geben sollte, das wäre hier methodisch als Artefakt gelöst. Die schematisch getrennte Anordnung in Carrés können wir also nicht in Anspruch nehmen,

Nun aber doch eine SOM, die beispielhaft erscheint. Das Adjektiv *gerührt* aus unserem Gefühlsbereich, wenigstens halb.

Wir beschränken uns auf die linke Seite. Hier sehen Sie die oberen beiden von links.

schocken 1
schockieren
überrascht
geschockt
erleichtert
erzürnen
bedrücken
erzürnt

beeindruckt 6
gefreut
beglückt
beeindrucken
erfreut
rührend
erfreuen
froh

Eine schöne und plausible Sammlung aus dem Gefühlsbereich. Schön getrennt der eher negative Aspekt vom positiven.

Die Fortsetzung im Carré unter #6 zeigt mit *rühren* und *berühren* auch das missing link zur Fortsetzung.

100. Nun also die unteren beiden auf der anderen Seite. Sie zeigen das Erwartete. Wir sind in der Küche gelandet.

zerdrücken **24**
verrühren
gerieben
Sahne
unterrühren
Zitronensaft
Wasserbad
Vanillezucker

pürieren **25**
Zutat
cremig
Mixer
Joghurt
rösten
dünsten
sämig

101. Natürlich bleibt die Frage, ob hier Polysemie vorliegt. Der ganze Bereich von *rühren* und *bewegen* dürfte wohl eher auf Gefühle übertragen worden sein. Damit wäre diese Verwendungsweise von *gerührt* eben metaphorisch zu verstehen und damit keine harte Polysemie, sondern halbregulär auf der Basis des alten metaphorischen Modells:

- Gefühl ist Bewegung und Mischung.

102. Entgegen dem methodischen Defätismus ist die distributive Semantik die einzige, die darauf hoffen kann, Polysemien, verschiedene Verwendungsweisen eben, aus Belegen zu gewinnen. Man muss nur die graduellen Unterschiede der Kontexte analysieren und clustern, wie es die multidimensionale Skalierung prinzipiell zulässt. Das ist aus verschiedenen Gründen noch schwierig und gelingt mit den jetzigen Mitteln nicht. Aber man muss auch willig sein, den überkommenen Polysemiebegriff in Frage zu stellen. Wie wird überhaupt über Polysemie entschieden? Doch wohl eher trivial.

7. . . . bringt man die Wörter in jene seltsame Ordnung
Ludwig Wittgenstein

103. Jedes Wort, das im Kookkurrenzprofil vorkommt, bringt sein eigenes Profil mit. Nur aufgrund dieses Profils taucht es überhaupt auf. Dies führt zur Idee, den ganzen Wortschatz als immenses Netz zu sehen. Jedes Kondensat ist Teil des Netzwerks mit eigenem Kern und Satelliten.

104. Wir bleiben hier im Umfeld der Liebe, im Umfeld von *Liebe*. Es liegt nahe, der Beziehung auf den Grund zu gehen, warum ein Satellit bei einem Stichwort auftaucht. Dazu dient uns der Vergleich der Kookkurrenzprofile. Wir beginnen mit dem auffälligen Satelliten *Hass*. Als kompetente Sprecher überrascht uns das hier nicht.

Auffällig, dass in diesem Kondensat ziemlich nahe *Liebe* auftaucht. Das deutet darauf hin, dass die beiden ein verwandtes Paar sind. Sie ahnen, wieso.

105. In der CCDB-Plattform gibt es eine Funktion CNS („Contrasting Near Synonyms"), die Kookkurrenzprofile vergleicht. Es werden typische Cluster ähnlicher Profile für zwei Suchwörter ermittelt und in einer gemeinsamen SOM vereinigt. Durch Farbschattierung wird angedeutet, welche Regionen mehr zu je einem Wort gehören (wo also Unterschiede liegen) und welche eher für beide zutreffen, also Bereiche, in denen eine Ähnlichkeit der typischen Umgebungen herrscht.

Wir kontrastieren *Liebe* mit *Hass*, die ja üblicherweise eher als Antonyme gesehen werden. Von der Liebe oben zum Hass unten. Ich präsentiere erst die äußeren Ecken. Sie bilden die trennschärfsten Carrés.

Treue 1
Demut
Barmherzigkeit
Nächstenliebe
Wahlspruch
unverbrüchlich
Güte
Mitmenschlichkeit

Flirt 5
Herzblatt
Genießen
Jungfrau
Widder
Neumond
Dekade
Vollmond

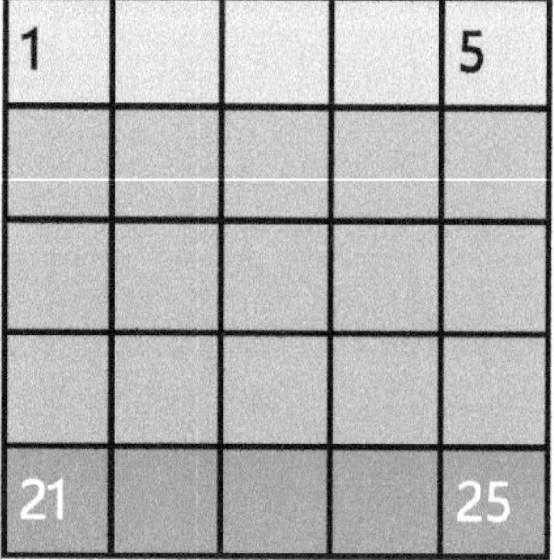

Misstrauen 21
entgegenschlagen
Argwohn
Unverständnis
Abneigung
Widerwille
Emotion

Egoismus 25
Hochmut
Feigheit
Opportunismus
Gemeinheit
Überheblichkeit
Ignoranz
Zerstörungswut

106. Antonyme weisen nicht komplementäre Verteilung auf. Sie kommen ja in ähnlichen Kontexten vor. Antonymie ist so etwas wie distanzierte semantische Nähe: Einerseits haben Antonyme einen gemeinsamen semantischen Bereich; man kann sie eben in ähnlichen Zusammenhängen verwenden. Andrerseits unterscheiden sie sich außerhalb des gemeinsamen Bereichs dann sehr, die Schere der Affinitäten öffnet sich stark nach beiden Polen auf einem Kontinuum.

107. Kontrastieren wir zuerst weitere Carrés von außen.

lieben
Dankbarkeit
Freundschaft
aufrichtig
Fürsorge
Verehrung
Anteilnahme
schenken

Trauer
Zuneigung
voller
entgegenbringen
entgegengebracht
Bewunderung
Wehmut
hergerissen

6				10
11				15
16				20

Rassenhass
Fremdenhass
Fremdenhaß
Ausländerhass
Ausländerhaß
Ressentiment
Fremdenfeindlichkeit

Abscheu
Groll
Mitleid
Schadenfreude
Hohn
Entsetzen
Widerwillen
Empörung

Fanatismus
Intoleranz
Menschenverachtung
Ausgrenzung
Gewalt
Terror
Unmenschlichkeit
Gewalttätigkeit

Im mittleren Bereich schlägt die Richtung im gewissen Sinn um. Rechts im Carré 15 haben wir noch ganz stark die *Hass*-Domäne, links aber schon den Übergang zu *Liebe*.

Das leere Feld oben rechts kommt dadurch zustande, dass in diesem Bereich keine signifikanten Kookkurrenzen vorliegen.

108. Nun fehlt nur noch der innere Kern. Er bildet sozusagen einen Übergangsbereich. Die Grafik ist aus der Plattform gepastet. Leider kann sie hier nicht in Farbe präsentiert werden.
Ich erlaube mir einen kleinen Scherz.

Verzweiflung	Eifersucht	Feindseligkeit
Wut	Niedertracht	Aggression
Ekel	Gier	schüren
Traurigkeit	Sadismus	Zwietracht
Ausweglosigkeit	grenzenlos	unterschwellig
Bitterkeit	Bosheit	Unfriede
Scham	Auflehnung	geschürt
Schmerz	Verrat	Unfrieden
Einsamkeit	unerfüllt	Feindschaft
Zärtlichkeit	Sex	Rivalität
Leidenschaft	Sexualität	
unstillbar	Suff	
Anziehung	Verführung	
Melancholie	Erotik	
Verliebtheit	Besessenheit	
Lebenslust	Begierde	
Hingabe	Sehnsucht	Liebesbeziehung
innig	Verletzlichkeit	Liebhaber
Seligkeit	Vergeblichkeit	Liebschaft
Zusammengehörigkeit	Wonne	Liebende
Geborgenheit	herzzerreißend	Männerfreundschaft
platonisch	Schwermut	Liebesgeschichte
inbrünstig	Alleinsein	Hassliebe
Vertrautheit	Empfindung	Haßliebe

Haben Sie gesehen? Ist zu erkennen, dass oben und unten vertauscht wurde?
Toll die Vereinigung der beiden unten rechts.

109. Wir sehen, dass die Benennung „near synonyms" zu eng ist, wenden uns aber den stark bedeutungsähnlichen Wörtern zu. Ich nutze zuerst wieder die CNS. Natürlich gibt es in einem semantisch begründbaren Sinn keine Synonyme zu *Liebe*. In der Gebrauchstheorie wird reine Synonymie oder reine Antonymie im naiven Sinn nicht existieren. Es gibt keine zwei Wörter mit gleicher Verteilung. Viele würden ja auch nicht denken, dass Synonymie wie Antonymie nur zwei graduell unterschiedene Pole sind auf dem Kontinuum der semantischen Relationen. Beide sind Bedeutungsverwandtschaften und zwischen ihnen gibt es alle möglichen Abschattungen. Gleiche Verteilung gibt es nicht einmal bei Abkürzungen, wie die Bilder aus einem anderen Bereich zeigen.

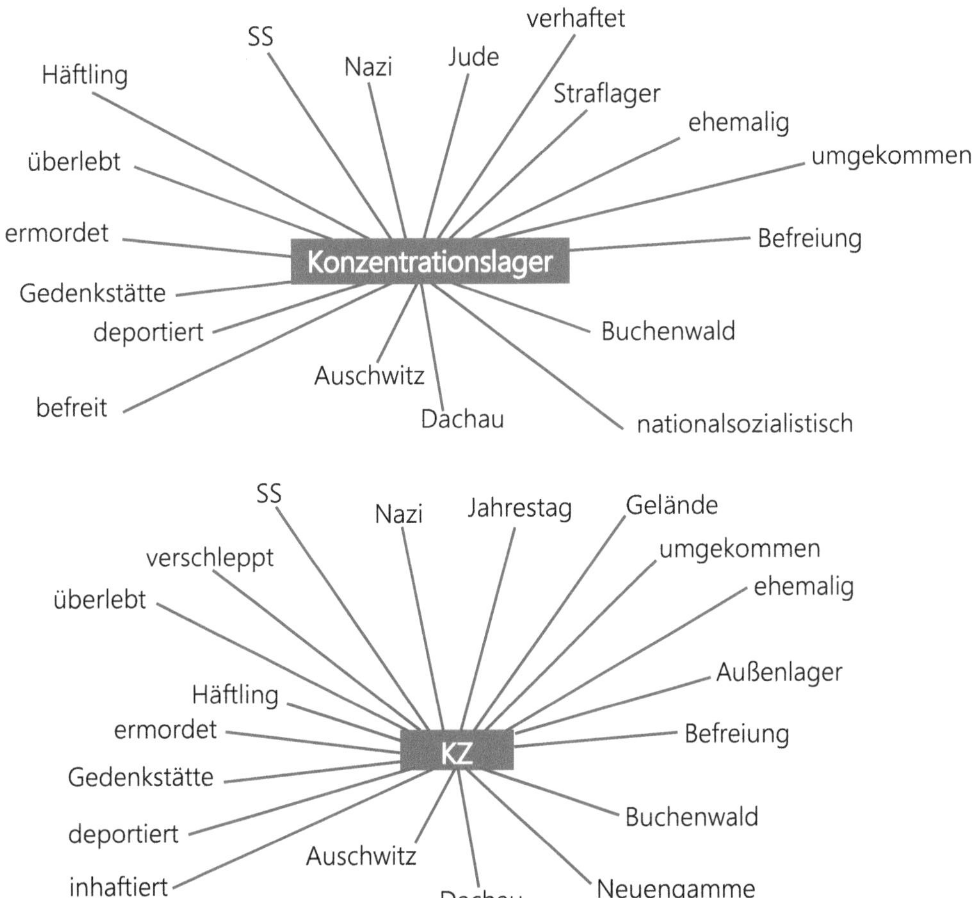

110. Ein nahes Wort zu *Liebe* ist *Zuneigung*. Eine CNS, die beide vergleicht, erscheint mir eher erstaunlich bis nichtssagend. Auf jeden Fall scheint von Trennschärfe keine Rede zu sein. Ich drucke sie hier nur ganz ab. Sollten Sie zu wenig erkennen, verweise ich Sie auf die CCDB-Plattform.

Zuneigung	Liebe			
Flirt		lieben	unerfüllt	unstillbar
Herzblatt		Liebhaber	platonisch	Sex
Genießen		Liebschaft	Zweisamkeit	Eifersucht
Jungfrau		Liebende	obsessiv	Sexualität
Widder		lieb	Traum	Suff
Neumond		Liebesgeschichte	sehnen	Verführung
Dekade		Liebesaffäre	Männerfreundschaft	Besessenheit
Vollmond		Kuss	zwischenmenschlich	Niedertracht
Zeichen	Wahlspruch	immerwährend	Erotik	Vergeblichkeit
	unverbrüchlich	Seligkeit	Schönheit	herzzerreißend
	Aufopferung	Heldentum	Zartheit	Auflehnung
	Gerechtigkeit	Glückseligkeit	Lebenslust	Schwermut
	Schenken	Erlösung	Vergänglichkeit	Alleinsein
	Opferbereitschaft	inbrünstig	schwärmerisch	Pein
	Gott	Sühne	Sinnlichkeit	Todessehnsucht
	Humanität	Sinnbild	Lebenskraft	Verlorenheit
Umarmung	Fürsorge	Dankbarkeit	Zärtlichkeit	Sehnsucht
aufrichtig	Güte	Hingabe	Verletzlichkeit	Leidenschaft
innig	Treue	Verehrung	Innigkeit	Verzweiflung
Anteilnahme	Mitmenschlichkeit	Geborgenheit	Empfindsamkeit	Anziehung
Heimgang	Vergebung	Zusammengehörigkeit	Intimität	Empfindung
Mitgefühl	mütterlich	Herzlichkeit	Emotionalität	voller
Verbundenheit	Erbarmen	Demut	Tragik	Traurigkeit
Trost	Menschlichkeit	Anhänglichkeit	Lebensfreude	Gefühl
Hochachtung	Loyalität	Zuwendung	Antipathie	Trauer
bekunden	Solidarität	Freundschaft	Hassliebe	Kränkung
bekundet	Gastfreundschaft	Vertrautheit	Haßliebe	Wut
entgegengebracht	Freundlichkeit	Wärme	Feindschaft	Ekel
Ermutigung	Rücksichtnahme	Beziehung	Gegnerschaft	Demütigung
Bekundung	Hilfsbereitschaft	Nestwärme	Animosität	Freude
bezeugt	Offenheit	Bezugsperson	Gläubigkeit	Haß
entgegenbringen	Fairneß	Körperkontakt	Lebensmut	Hass
zuteil	Respekt	Sympathie	Abneigung	Verachtung
ungeteilt	Vertrauen	Vorliebe	Betroffenheit	Mitleid
Anerkennung	Wohlwollen	Bereicherung	Begeisterung	Abscheu
Huldigung	Aufmerksamkeit	Bedürfnis	Regung	entgegenschlagen
Ehrerbietung	Nachsicht	Zusammengehörigkeits	Rührung	Mißtrauen
besondere	Beachtung	Affinität	Genugtuung	Misstrauen
zuteilen	Akzeptanz	Gefälligkeit	Geringschätzung	Neid
gebühren	Autorität	Abhängigkeit	Emotion	Schadenfreude

Hier frage ich mich: Was endet da? Die distributive Methode oder meine Deutungsfähigkeiten?

111. Wir bleiben bei dem Kontrast von *Liebe* und *Zuneigung* und geben uns etwas bescheidener, indem wir die affinen Satelliten vergleichen und den Abstand zum Kernwort.
Die Ausschläge geben die jeweilige Differenz der Affinitäten wieder. Geringe Differenz zeigt uns Überlappung. Darum unten sozusagen die Nullpunkte.

(Alle diese Diagramme beruhen auf den Logarithmen der Affinitätswerte.)

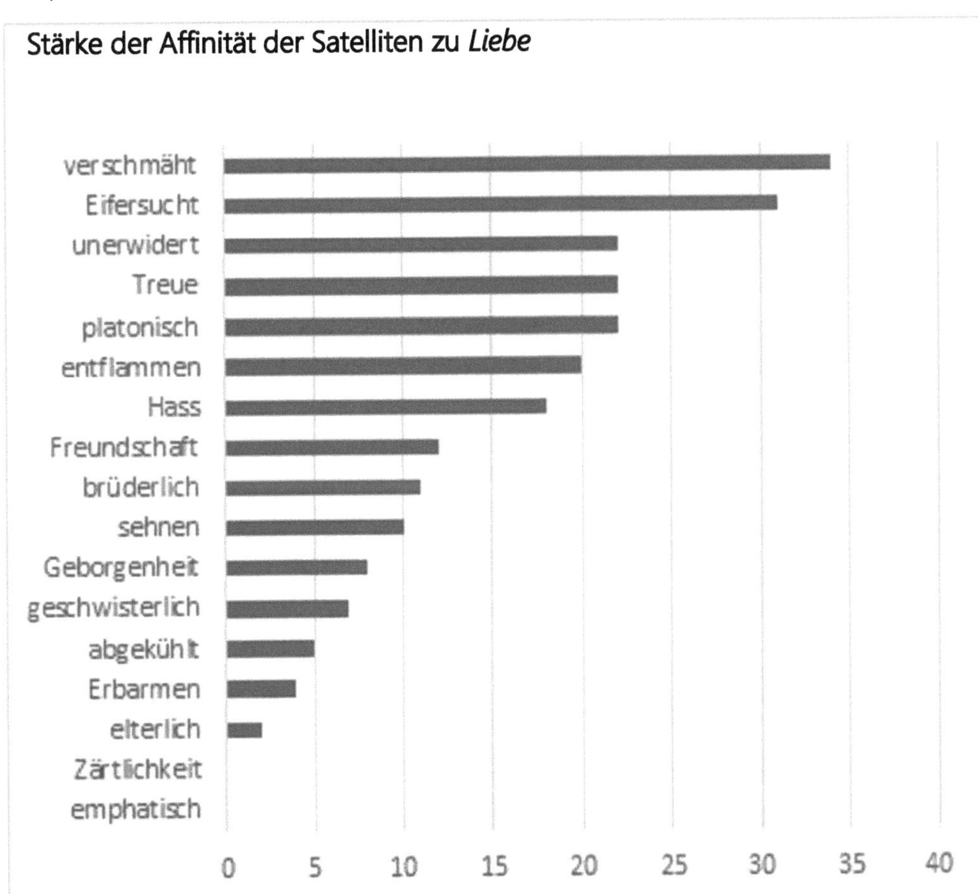

112. Hier nun der Vergleich der äußeren Enden, bei denen die Ausschläge am deutlichsten sind.

Dies sind die stärksten Ausschläge in Richtung *Zuneigung*.

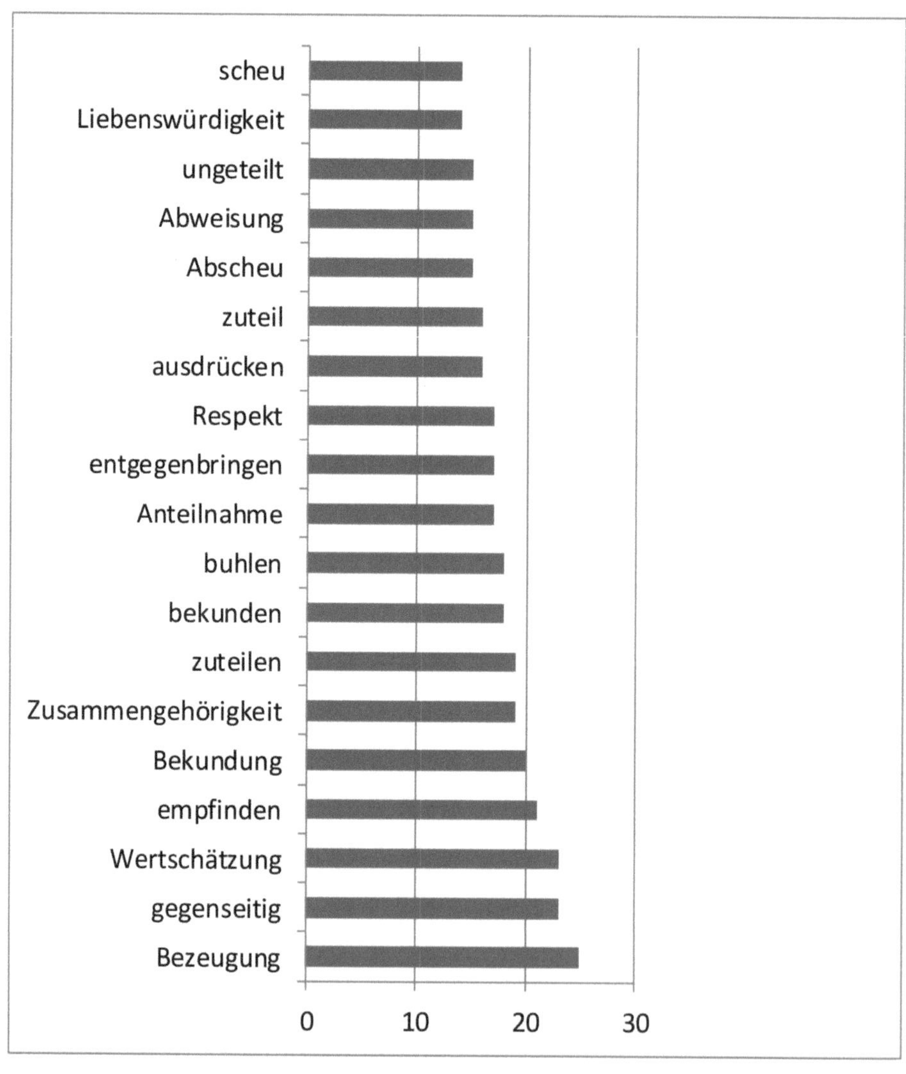

113. Hier die stärkeren Ausschläge in Richtung *Liebe*.

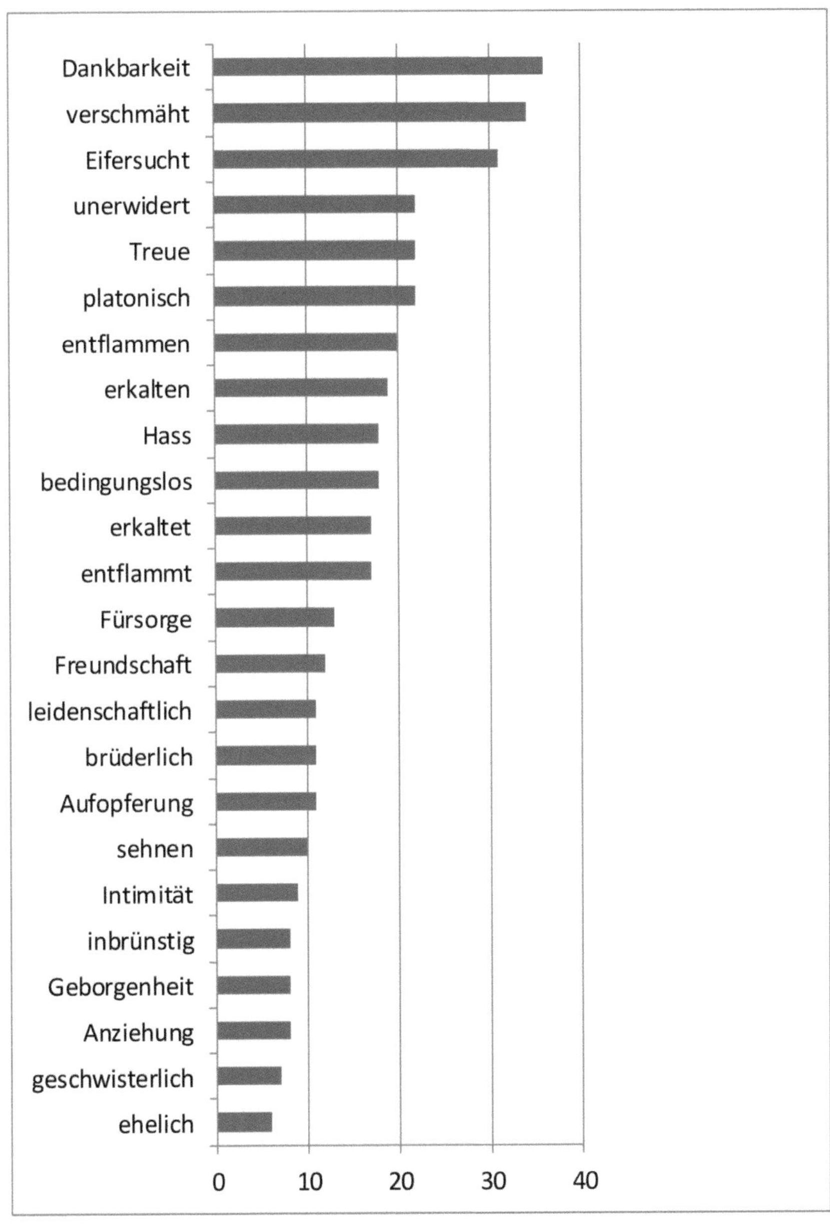

114. Der Vollständigkeit halber noch der Innenbereich, in dem sich *Liebe* und *Zuneigung* wenig unterscheiden.

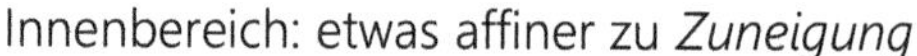

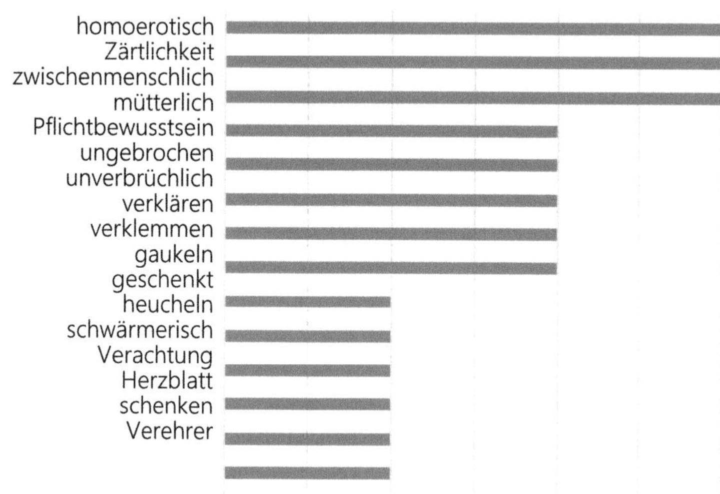

Innenbereich: etwas affiner zu *Liebe*

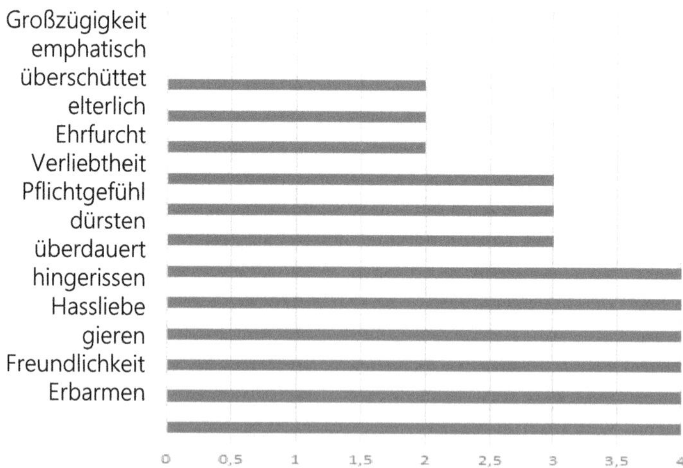

115. Die Nullpunkte haben wir hier belassen.
Wir können extreme Fälle aussuchen und an Beispielsätzen zeigen, was stilistisch wohl nicht so ganz gelungen erschiene:

?Verschmähte Zuneigung, platonische Zuneigung
?Damals entflammte seine Zuneigung.
?Bedingungslose, erkaltete Zuneigung
?Verschämte Liebe, ungeteilte Liebe
?Liebe entgenbringen

Gegenseitige Zuneigung scheint ok, aber *gegenseitige Liebe* eher ein Pleonasmus. Und ob die Zuneigung entflammt, sieht man auch nicht so leicht. Dagen fänd ich die geschwisterliche Zuneigung etwas wenig.
Wenn zwei sich Liebe bekunden würden, dann wären sie wohl in einem ulkigen Stilregister. Zuneigung bekunden scheint schon normaler.
Andererseits ist bedingungslose Liebe ein Segen. Bedingungslose Zuneigung doch eher selten.
Natürlich sind das keine deutlichen Abweichungen. Aber ein Gschmäckle haben die erfundenen Beispiele. Und da sehen wir, dass für das feine Sprachgefühl die kookkurrenziellen Nuancen durchaus von Bedeutung sind.

116. Ein Wort zu Methoden. Automatische Ermittlung von Polysemie kann dem klassischen Muster folgen, das als Außenmaßstab eine andere Sprache anlegt. Man übersetzt in eine andere Sprache und bekommt für ein Wort unterschiedliche Äquivalente, die als Bedeutungskomponenten genommen werden (Lapesa/ Kawaletz/ Plag/ Andreou/ Kisselew/ Padó 2018). Sie könnten auch als Synonyme gelten.
Für die Ermittlung von Antonymen wurden typische Muster verwendet. Die Grundidee: Synonyme kommen tendenziell nicht im gleichen Satz vor, Antonyme aber in Mustern wie *X und nicht Y*. Auf diese Weise können semantische Intuitionen verlässlich bestätigt werden (Nguyenh/ Schulte im Walde/Thang Vu 2017).
In all diesen Fällen wird nach der bewährten Methode verfahren, vorgängiges semantisches Wissen in Korpora automatisch zu reproduzieren. Das wird von praktischem Nutzen sein, ist aber keine anarchische Empirie.

117. Als Exempel für die Analysekraft der CNS nun als Beispiel verwandter Wörter die Kontrastierung von *lieben* und *mögen*.

1
Verstorbene trösten Trauerfeierlichkeit Jahrgänger Begräbnis Trauergottesdienst Blumengruß Gebet

5
dürfen getrost lassen Spötter baldmöglichst lass Fug Augur

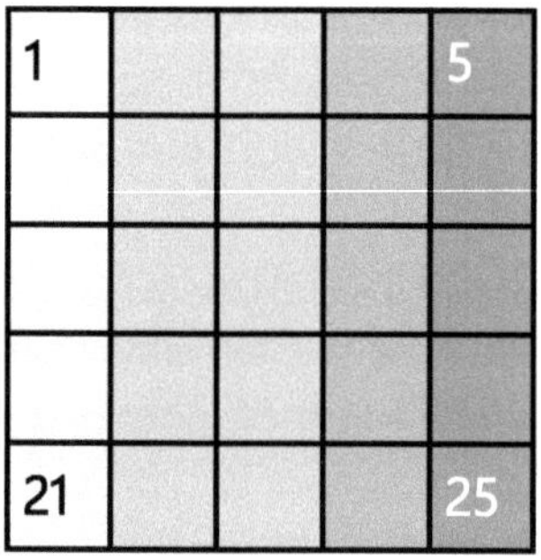

1				5
21				25

21
herzensgut Heimgang Gatte Opa Schwiegermama Papa Schwiegervater Schwager

25
niemand Muss wem was wofür wen woran

Wir versuchen auch hier, die Carrés zu benennen oder mit einem Slogan zu versehen:
1 = Wieder der traurige Aspekt: Alles Mögliche um den Tod
5 = Recht diffus: Etwas vom Modalverb?
21 = Immer noch der Tod: Die passenden Angehörigen?
25 = Recht grammatisch und Fragen über Fragen

Abschiednehmen
Abschied
Fürbitte
liebevoll
Beerdigung
Ableben

wollen
zu
Leute
Bitte
anstatt
Gleichgesinnte

fürsorglich
betrauern
trauern
aufopfernd
Freund
Schulkamerad

6				10
11				15
16				20

müssen
selber
Wollen
gerne
uns
unbedingt

Patenkind
Mutter
Schwiegereltern
Großeltern
Geschwister
umsorgt

man
mir
gar
ich
hier
jemand

Das innere Rechts-Links schließt an die Carrés der Ecken und an unsere Slogans an.

118. Interessant, dass die Trennung am schärfsten scheint bei den sozialen Beziehungen und dem Tod. Die ganze linke Seite handelt vom traurigen Anlass, und da ist die gesamte Verwandtschaft beteiligt. Da wird wohl viel über Liebe gesprochen und auch über Fürsorge und Pflege. Auch Blumen und Gebet gehören dazu.
In der rechten Kolumne zieht sich der grammatische Aspekt durch. Viele Funktionswörter und Modalverben, viel weniger Inhaltswörter. Und dann die vielen Fragewörter. Wieso besonders affin zu *mögen*? Man könnte auch sagen, dass so ein Modalverb semantisch offener, weniger spezifisch ist.
Sind darum die Satelliten hier im Detail auch weniger zuzuordnen?
Ein Ausreißer scheint mir *Fug* in Carré 5. Da klingelt's nicht. Und das isolierte *Augur* ebenda. Dem wollen wir etwas nachgehen.

Bei den affinen Kookkurrenten finden sich beide nicht.

In der SOM von *mögen* selbst haben wir ein ganzes Päckchen, in dem die beiden vorkommen, zusammen mit einigen Personenbezeichnungen. Wir akzeptieren hier, dass sie relevant sein mögen und wir notieren, dass einige im Kontrast zu *lieben* entfallen.

getrost 1
Spötter
Fug
Augur
Insider
Nörgler
Purist
Experte

119. Wir blicken noch in den Innenbereich der CNS.

	2	3	4	
	7	8	9	
	12	13	14	

Anteilnahme Mitgefühl Verbundenheit beten Liebe Wertschätzung Dankbarkeit mitfühlend	verehrt verehren beneidet inbrünstig verachten verabscheuen anbeten verabscheut	tatkräftig
unser unsere beistehen getrösten getröstet Wiedersehen nett wohlmeinend	gehasst Gott erbarmen barmherzig gemocht Verzeihung Erbarmen angebetet	lieber wildfremd inständig wißbegierig wissbegierig Leserin
mein schenken meinen mitkommen ihr geschenkt verreist behüten	dein Mutti meine anreden Anrede Vati deine anflehen	kennen gern wir

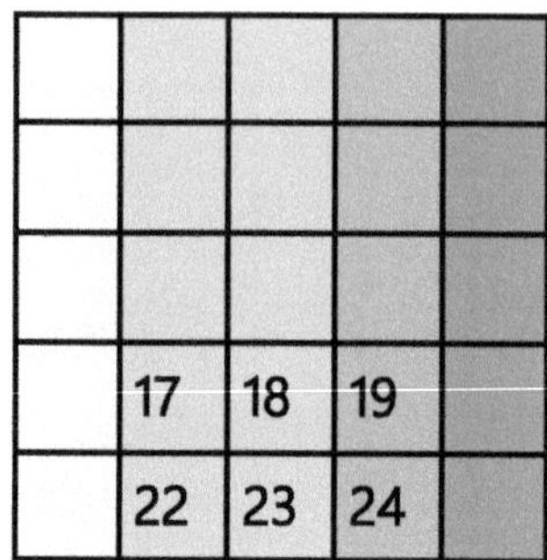

geliebt vergöttern vergöttert Schlepptau gestreng verlieben gleichaltrig eifersüchtig	lieb	müßig sollen sie manche beeilen es glauben geben
Mama Schwägerin Schwiegermutter Oma Tante Omi Schwester Gattin		können partout lesen ebensogut Außenstehende schwerlich dass nicht

120. Im ganzen Innenbereich sollten wir weniger spezifisch Zuordenbares erwarten und so kann man das auch lesen. Auffällig ist hier die dünne Besetzung der Felder bis hin zur Leere. Das betrifft *mögen* noch stärker als *lieben*.

Heißt das, dass es semantisch wenig Übergänge gibt, dass beide als Quasisynonyme gut unterschieden sind?

121. Eine besondere Art der sanften Synonymie ist die Paronymie. Zwei Wörter gelten als Paronyme, wenn

- beide ein sehr ähnliches Schriftbild haben,
- beide sehr ähnliche Bedeutung haben.

Beim Lesen (manchmal auch beim Hören) kann man beide verwechseln. Schreibt oder spricht man selbst, kann man beide schwer auseinanderhalten. Jedenfalls geht es vielen Leuten so.
Kandidaten aus unserem Gebiet könnten sein: *verliebt* und *beliebt*.

rothaarig
hübsch
dunkelhaarig
blond
langhaarig
nett
patent
hochgewachsen

bevorzugt
bevorzugen
begehrt
exotisch
ideal
zugkräftig
altbewährt
publikumswirksam

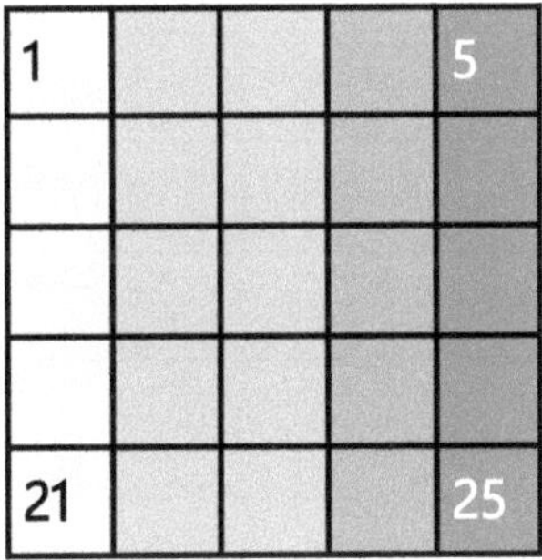

verlobt
verloben
heiraten
Braut
verwitwet
geschieden
vermählt
vermählen

Sportreporter
Fernsehmoderator
Showmaster
Talkmaster
Fernsehstar
Sportler
Spaßmacher
Literat

122. Die äußeren Kolumnen kontrastieren perfekt.
Wir sehen auf Anhieb auf der ganzen linken Seite den persönlichen Aspekt, das pralle Leben. Dagegen rechts den öffentlichen und wohl den medialen, das Zuschauende.
Das zieht sich auch hier weiter durch.

küssen
entflammt
umschwärmt
flirten
entflammen
schmachten
geküsst
flüstern

verknallen
verknallt
lieben
geliebt
verführt
vergöttern
vergucken
verdingt

verlieben
liieren
liiert
Verliebte
Heiratsantrag
angebetet
unverheiratet
ledig

6				10
11				15
16				20

populär
unbeliebt
geläufig
häufig
rar
sattsam
Stellenwert
Firmenname

bekannt
mausern
eins
Beliebtheitsskala
hierzulande
hochgeschätzt
prominent
bekennen

Ausflugsziel
ansteuern
Tourist
Sehenswürdigkeit
Vogelpark
Einheimische
Ausflügler
Publikumsmagnet

123. Hier nun zum Innenbereich. Den leichten Lemmatisierungsfehler in #2 erkennen Sie selbst.

	2	3	4	
	7	8	9	
	12	13	14	

talentiert begabt begaben sympathisch	lehrreich anspruchsvoll originell wandlungsfähig anregend gehaltvoll lebensnah einprägsam	attraktiv
jung pubertieren aufgeweckt hochbegabt magersüchtig verkrüppeln losreißen geschockt	faszinieren vergnüglich unterhaltsam beeindrucken angenehm gastfreundlich abwechslungsreich erholsam	belieben antun begeistern behagen angetan erfreuen engagiert Gefallen
gleichaltrig halbwüchsig taubstumm neunjähriger stechen fünfzehnjährig sechsjährig vergewaltigen		Beliebtheit Anklang schmackhaft goutiert näherbringen vermiesen goutieren bewundert

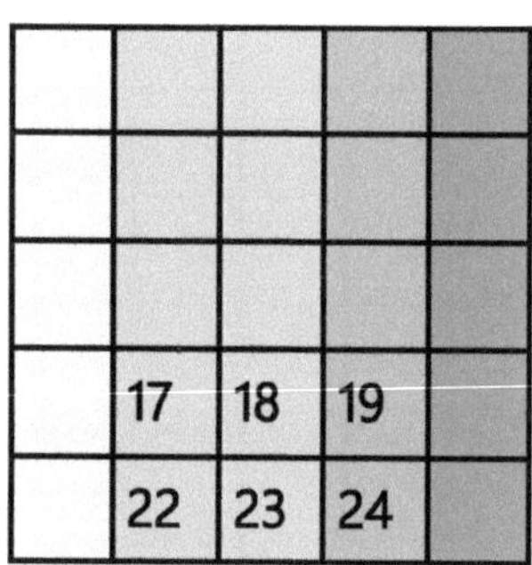

Freundin Geliebte lebenslustig bildhübsch verheiraten verheiratet geheiratet blutjung	Fotomodell Schauspielerin Binoche Traumfrau Barrymore Protagonistin Kellnerin Stripperin	frequentiert frequentieren umlagert aufgesucht hungrig Heerschar benützt vorbehalten
Verlobte Cousine Jugendliebe Erbin Prinzessin Schwester Mätresse Kusine	Engländerin Zwillingsschwester Töchterchen Lena Gymnasiastin Buchhändlerin Mareike Französin	

In Carré 18 sehe ich den Übergang hin zum Medialen.

124. Auf den nächsten Seiten konzipiere ich eine Art Lernwörterbuch für Paronyme. Es sind jeweils zwei gegenübergestellt mit einer kurzen üblichen Bedeutungsangabe und einem Verwendungsbeispiel. Dem folgt das distributive Material: ein Wordle der affinen Satelliten und signifikante Chunks als Lern- und Übungsgrundlage. Dafür dann auch Schreiblinien, auf denen Lerner selbst Beispielsätze formulieren können.

bitten

Darf ich Sie um einen Gefallen bitten.

jemandem fragen, ob er oder sie etwas Bestimmtes tun können

Die Polizei [. . .] bittet um Hinweise
dann [. . .] bitte [. . .] schön
Wir bitten um Verständnis wenn wir Adressen
bittet die um Verständnis für
um Rat und Hilfe gebeten
Wir bitten [. . .] vielmals um Entschuldigung und
ließ sich nicht [. . .] lange bitten und
stärker zur Kasse gebeten werden
Darf ich . . . bitten

beten

Ich bete zu Gott.

ein Gebet sprechen

Wir beten für unsere liebe Verstorbene
und beteten mit der Trauergemeinde
dass Gott
gemeinsam das Vaterunser [. . .] beten
miteinander . . . feiern . . . beten . . . singen
Die Seelenrosenkränze beten wir nun
in der Moschee [. . . zu] beten
Ich bete an die Macht der Liebe
Papst [. . .] betet für Opfer
Kirche zum Herrgott beten
Muslime [. . .] beten
beten . . . zu Allah
zu beten [und|zu] fasten und
Christen . . . Juden [. . .] gebetet

bedeutend
Das war für ihn nichts Bedeutendes.

von (großer) Bedeutung

eine bedeutende [. . .] Rolle [. . .] gespielt
spielt . . . eine bedeutende [. . .] Rolle
zu den bedeutendsten [. . .] Malern des 20. Jahrhunderts
lag bedeutend [. . .] höher [. . .] als in . . .
gilt als eine der bedeutendsten . . . der
eine Reihe [. . .] bedeutender Persönlichkeiten die . . .
zu einem|zum bedeutenden Wirtschaftsfaktor geworden
sei . . . sehr bedeutender Schritt
viele [. . .] bedeutende Werke der . . .
Er zählt . . . zu den bedeutendsten [. . .] Künstlern der zweiten
bedeutendste lebende Komponist
zweifellos ein sehr bedeutender Beitrag

____
____
____

bedeutsam
Sie schenkte ihm ein bedeutsames Lächeln.

vielsagend

historisch bedeutsamen Bauten in . . .
historisch bedeutsame Gebäude
an historisch [. . .] bedeutsamen [. . .] Orten . . . werden
ein strategisch bedeutsamer Schritt
für überregional bedeutsame Projekte
Als sehr . . . bedeutsam . . . eingestuft
besonders [. . .] bedeutsam
eine bedeutsame [. . .] Rolle [. . .] spielen
wirtschaftlich kulturell . . . politisch . . . bedeutsamen
Viel [. . .] bedeutsamer [. . .] ist dass
ist [. . .] deshalb [so] bedeutsam weil . . .
sicherheitstechnisch höchst bedeutsamen Defekt
sind [beide ...] gleichermaßen bedeutsam

____
____
____

bedeutungsvoll
Das sagte er mit bedeutungsvoller Miene.

wichtig, belangvoll

ist . . . nicht sehr bedeutungsvoll
ist . . . sehr viel bedeutungsvoller
sehr [. . .] bedeutungsvoll
sind . . . höchst bedeutungsvoll
sagt sie und . . . macht eine bedeutungsvolle Pause
mit bedeutungsvoller Miene
als [. . .] besonders [. . .] bedeutungsvoll
besonders [. . .] bedeutungsvoll
und . . . bedeutungsvolle Worte
sagt sie mit bedeutungsvollem Blick
mit dem wirklich bedeutungsvollen [. . .] Namen
ein bedeutungsvolles Schweigen
Nicht minder bedeutungsvoll
nicht minder bedeutungsvollen
war aber umso bedeutungsvoller
bedeutungsvolle [. . .] Sätze

bedeutsam
Sie schenkte ihm ein bedeutsames Lächeln.

vielsagend

historisch bedeutsamen Bauten in . . .
an historisch [. . .] bedeutsamen [. . .] Orten . . . werden
ein strategisch bedeutsamer Schritt
für überregional bedeutsame Projekte
Als sehr . . . bedeutsam . . . eingestuft
besonders [. . .] bedeutsam
eine bedeutsame [. . .] Rolle [. . .] spielen
wirtschaftlich . . . kulturell . . . politisch . . . bedeutsame
Viel [. . .] bedeutsamer [. . .] ist, dass
ist [. . .] deshalb [so] bedeutsam, weil. . .
ein sicherheitstechnisch höchst bedeutsamer Defekt
sind [beide ...] gleichermaßen bedeutsam
nicht minder [. . .] bedeutsam ist
sei zu einer bedeutsamen Geste bereit

125. Eine solche Didaktisierung ist für Schnellinformation nicht gedacht und nicht geeignet. Da lägen gerade die Stärken des Wörterbuchs. Hier geht es aber tiefer (und empirischer). Das ist die Stärke der distributiven Semantik.

Die didaktischen Vorlagen hier erfordern mehr und eigene Deutungsarbeit. Sie bleiben lockerer und zugleich diffuser. Das mag aber auch neue Anwendungen bringen, eben in der Sprachlehre.

Eine wichtige Frage und Aufgabe bleibt etwa: Kann man die offene Vielfalt kondensieren? Können wir eine Methode entwickeln, die Carrés fruchtbar zu reduzieren oder sie im Extremfall zu etikettieren, wie wir es mit den Slogans probiert haben?

8. . . . in einem Experiment zu einem weiteren geführt werden

Ludwig Wittgenstein

126. Belica hat die CCDB-Plattform verstanden als Experimentierangebot. So wollen wir das auch verstehen. Der Rechenalgorithmus selbst ist nicht das Experiment, wenngleich Spezialisten auch hieran drehen können. Da müssten dann wohl Programmierer und Semantiker zusammenarbeiten.

127. In meinen frühen Versuchen kam immer das Suchwort selbst als nächster Satellit. Mein Slogan damals: Jedes Wort ist sich selbst am nächsten. So vermute ich, dass dies hier unterdrückt wird. Einen anderen Eingriff sehe ich in der Tilgung von Funktionswörtern. Sicher kann man argumentieren, sie seien semantisch nicht relevant. Aber erstens, woher weiß man das? Und zweitens, wer möchte sie vielleicht doch sehen und selbst entscheiden?
Auch hier wäre noch viel empirische Arbeit zu leisten, um Regularitäten oder gar methodische Vorschläge zu entwickeln.

128. Wichtige sprachtheoretische Fragen könnten sein:

- Wie weit reicht die semantische Domäne eines Worts?
- Wieviel Belege braucht es für verlässliche distributive Aussagen?
- Wie groß sollte der Radius der Fenster sein?
- Wieviel Kontext ist nötig? Müssen die Fenster symmetrisch sein?
- Wie sollte die Affinität berechnet werden?

Weitere Untersuchungsfragen wären:

- Wie ist ein Kondensat strukturiert?
- Wie viele Elemente enthält es oder sollte es enthalten?
- Bis zu welcher Distanz sind die affinen Wörter semantisch relevant?
- Gibt es Sprünge in der Distanzstruktur?
- Gibt es eine Art Verteilung in semantische Ringe oder Ähnliches?

129. Solche Fragen, die auf den ersten Blick eher technischer Natur scheinen, erweisen sich als tiefer reichende sprachtheoretische Probleme. Wir wissen nicht, wie weit die semantische Domäne eines Worts im Kontext reicht oder wie sie langsam fadet. Jedenfalls gibt es nach textlinguistischer Lehre kein Argument, die Domäne mit Satzgrenzen abzuschließen. Wir wissen ebenso wenig, ob für die Bedeutung eines Worts mehr die Frequenz des kontextuellen Miteinanders zählt oder die kontextuelle Nähe, und erst recht nicht, wie beides zu verrechnen wäre. Wie so oft wird eine Antwort auch vom Zweck der Untersuchung abhängen.

130. Als großes Experiment kann man natürlich alle semantischen Theorien und Anwendungen sehen. Das experimentierende Vorgehen hier nutzt die Funktionen, die zur Verfügung stehen, deutet die Ergebnisse und macht neue Versuche. Das Experimentieren verläuft im Großen so:

1. Ich gehe mit einer speziellen Methode in die sprachliche Welt.
2. Ich sehe, was ich mit dieser Methode bekomme.
3. Ich versuche, es zu verstehen.
4. Bin ich zufrieden?
5. Ich verändere die Methode.
6. Ich gehe zu 2.

131. Wir nutzen hier nur die Ergebnisse, die die implementierten Funktionen uns bieten. Ich stehe mit großen Augen davor. Wir stehen mit großen davor. Aber wir sehen, dass die Ergebnisse systematisch und sinnvoll sind.

Am Schluss könnten vielleicht die Fragen stehen:

- Finden wir andere Formate der Darstellung?
- Finden wird Formate, die eher dem semantischen Usus oder üblichen Erwartungen entsprechen?
- Wie sind die Ergebnisse nutzbar für etablierte Formate?

Die affinen Satelliten könnten wir nach syntaktischen Kategorien filtern. Je nach Untersuchungsziel wird man nicht an allen Satelliten interessiert sein.

132. Es wurde schon erwähnt, dass Funktionswörter nur für Spezialinteressen interessant sein könnten. Viele interessieren sich für die dicken Brocken, für Nomen, Verben und Adjektive. Sie regen am meisten an. Dass etwa Nomen besonders informativ sind, scheint plausibel. Wir befolgen diesen Grundsatz im Unterstreichen in Texten und in Notizen. Für unsere Deutungen wollen wir das nicht unbesehen übernehmen. Aber es steht für uns außer Zweifel, dass Nomen besonders wichtig sind. Hingegen scheinen Verben auch stärker für die grammatische Organisation relevant.

133. Ich zeige die Nomina im Dunstkreis von *Liebe* in zwei Stufen als Wordles. Die affinsten sehen Sie hier:

Die Nomen sind Ihnen weitgehend bekannt aus dem allgemeinen Stern der affinsten Wörter. Das Vorkommen von *Leser* ist natürlich auf den bias des Korpus zurückzuführen – und natürlich gleich häufig auch *Leserin*, wie es sich gehört.

134. Das nächste N-Wordle geht schon eine Stufe tiefer. Sie werden auch gleich sehen, warum *Kabale* so hoch erscheint. Wir sollten das aber nicht abtun mit der Korpusspezifik. Auch wenn es zeitungslastig ist: Wir lesen die Zeitung und wir bilden uns die Verwendung kommunikativ. Natürlich lesen nicht alle sowas. Aber auch nicht alle werden das Wort so verstehen, werden genau dies damit verbinden.

135. Ich komme noch einmal zurück auf die Frage, wie wir Beziehungen zwischen Stichwort und Satellit erschließen. *Einsamkeit* steht in einem thematischen Zusammenhang zu *Liebe* und ist nicht prädikativ zu deuten. Natürlich kann Liebe auch einsam machen, aber sie kann auch gegen Einsamkeit helfen. Die thematischen Zusammenhänge werden wir unterschiedlich ausdeuten. Für *Steinbock* und *Skorpion* natürlich die Textsorte Horoskop. Für *Gruß* die briefliche und mailige Grußformel. Für *Güte* fast eine synonymische Relation.

136. Nicht immer ist durch Lemmatisierung und Filter kategorial klar zu trennen. Im folgenden Wordle erscheinen Verben und Adjektive gemischt. Es handelt sich bei den Adjektiven allerdings um Partizipien Perfekt, die im Umfeld sicherlich als attributive und prädikative Adjektive verwendet sind.

137. Präpositionen bieten eine Mischung semantisch-grammatischer Leistungen. Sie regeln erst einmal grammatische Anschlüsse. Dabei ist zu unterscheiden zwischen Präpositionen, die stärker semantisch zu sehen sind, und solchen, die semantisch eher unspezifisch sind und grammatische Anschlüsse herstellen. Das korreliert weitgehend mit der Stellung: vor dem Nomen oder danach.

Präpositionen im Vorbereich geben – soweit sie nicht selbst regiert und strukturell sind – tendenziell die semantische Rolle der Wurzel-NP an. Sie scheinen semantisch von größtem Interesse. Präpositionen im Nachbereich charakterisieren den Anschluss. Sie können die Valenz regeln, sind aber auch partiell semantisch auszudeuten.

In beiden Fällen ist sowohl die Affinität wie die Variation verschiedener Präpositionen von Interesse.

138. Hier zwei Wordles zu den Präpositionen bei *Liebe*. Das erste eher aus dem Vorbereich und vielleicht semantisch deutbar. Das zweite eher aus dem Nachbereich, also Präpositionen, die eine Art Valenzanschluss bieten (der natürlich auch nicht bedeutungsfrei ist). Die CCDB liefert diese Differenzierung nicht. Natürlich sind beide Wordles nicht disjunkt.

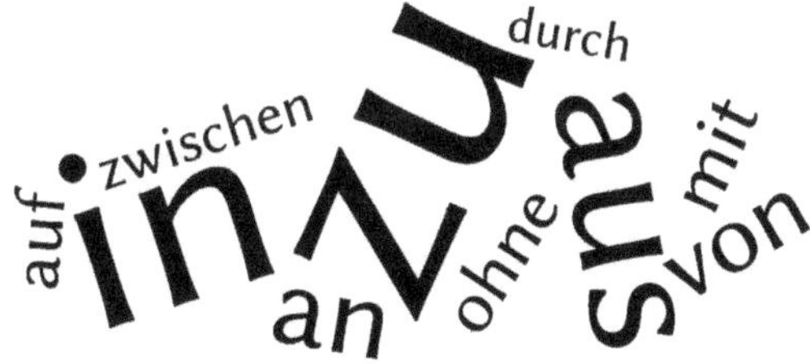

Die Präposition *aus* ist beachtenswert, weil sie auf einen Aspekt von Liebe hinweist, der vielleicht zu wenig Beachtung findet: Liebe als Motiv.

139. Wir werden nun Korpus und Analyseverfahren variieren. Zuerst in einem Vergleich CCDB mit Daten aus dem Portal LCC „Wortschatz Leipzig" (http:// corpora.informatik.uni-leipzig.de/ de?corpusId= deu_newscrawl_2011).

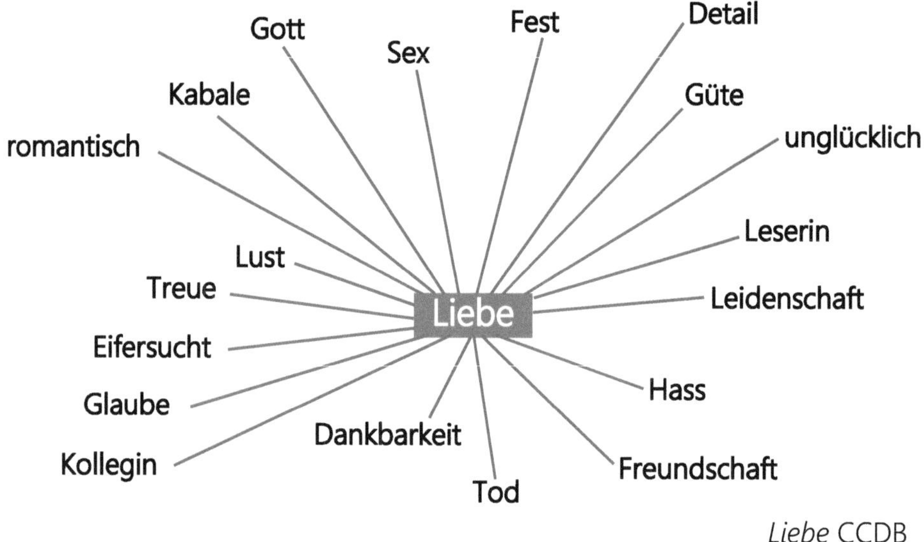

Liebe CCDB

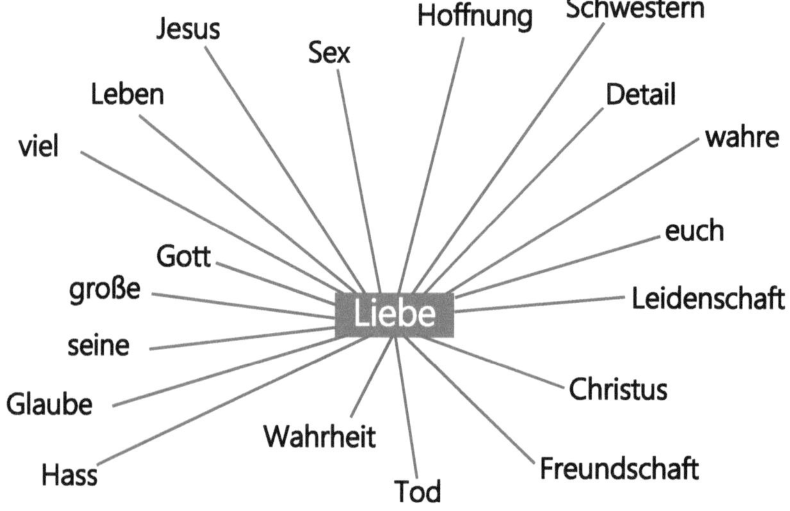

Liebe Wortschatz Leipzig

140. Die Leipzig Corpora Collection (LCC) ist das Wortschatz-Portal an der Universität Leipzig. Es bietet in einer Reihe von Werkzeugen auch eine Kookkurrenzanalyse.
Das Korpus umfasst mittlerweile die öffentlich zugänglichen Daten aus 250 Sprachen. Das deutsche Korpus enthält überwiegend Zeitungstexte, die online zur Verfügung standen und Wikipediatexte.
Das Portal wird kontinuierlich inhaltlich ergänzt, die Werkzeuge werden vermehrt und upgedatet.
Basis der Kookkurrenzanalyse sind nicht Fenster mit variablem Radius, sondern Sätze. Im Gegensatz zu CCDB können linke und rechte Kookkurrenten getrennt ermittelt werden. Für *Liebe* sieht das etwa so aus.

die, große, viel, ihre, seine, Verbotene, großen, wahre, Die, seiner, grosse, ihrer, neue, göttlichen, meine, ewige, in Sachen, Sachen, aller, aus, barmherzigen, erste, Seine, bedingungslose, Ihre, barmherzige	zum, zu, Gottes, und, zur, Brüder und Schwestern, Brüder, Grüße, Christi, Freunde, Frau, ist, Leserinnen, zwischen, Leser, meines, Leute, seines, Leserin, Redaktion, wegen, rostet, auf den zweiten Blick, [. . .], hinfällt, geht, zueinander

Die Ergebnisse der Kookkurrenzanalalyse werden graphisch dargestellt in Form eines Graphen, der die Beziehungen der häufigsten Satelliten zeigt. Für *Liebe* sieht er so aus.

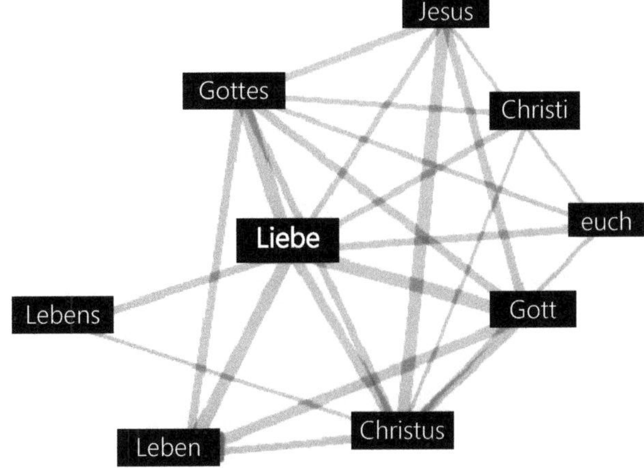

141. Im Experimentierfeld „Variation des Korpus" wurde die Frage nach der idealen Korpusgröße schon beantwortet: So groß wie möglich. „Wortschatz Leipzig" liegt natürlich ein anderes Korpus zugrunde. Für beide verwendeten Korpora sollten wir vielleicht im Kopf haben:

- Es sind geschriebene Texte.
- Es sind veröffentlichte Texte.

Was das allerdings besagt, wissen wir nicht.

142. Soweit ich es deuten kann, sind die Unterschiede der beiden Wordles nicht allzu groß, obwohl unterschiedliche Korpora und unterschiedliche Rechenverfahren verwendet werden. Die Überlappungen sind auf jeden Fall deutlich. Das spricht wohl für die Validität des distributiven Ansatzes.
Bemerkenswert sind allerdings die Pronomen in „Wortschatz Leipzig", die in CCDB nicht auftauchen. Der Grund dafür könnte in unterschiedlicher Lemmatisierung liegen oder in vorgängigen Filtern.
Die Basiskorpora der CCDB und „Wortschatz Leipzig" sind in der Grundausrichtung vergleichbar. Sie sollen in irgendeiner Form repräsentativ für das heutige geschriebene und publizierte Deutsch sein. Trotzdem noch ein Blick auf die Unterschiede der beiden Liebes-Sterne.
Wir sehen auf Anhieb viele beruhigende Überlappungen, vielleicht mit etwas unterschiedlichen Distanzen. Aber in Leipzig kommen nicht vor: *Kabale, Leserin, Leser, Sehnsucht, Eifersucht, Lust, unglücklich*. Und in CCDB finden sich die Leipziger *Leben, große, Hoffnung, Jesus, Christus* nicht. Die letzten beiden können wir kompensieren mit *Gott*.

143. Das distributive Verfahren taugt natürlich auch für andere, für spezifischere Korpora. Auf der nächsten Seite sehen Sie einen Stern, der aus Grass Blechtrommel gewonnen ist und einen aus dem Thomas-Mann-Korpus. Im einzelnen will ich das nicht vergleichen. Bei Grass ist nicht erstaunlich, dass die Protagonisten recht hoch kommen. Aber es gibt auch etwas Verblüffendes, nämlich Radieschen und Brausepulver. Das geht zurück auf eine Szene des Romans, in dem die Liebe eine besondere Rolle spielt.

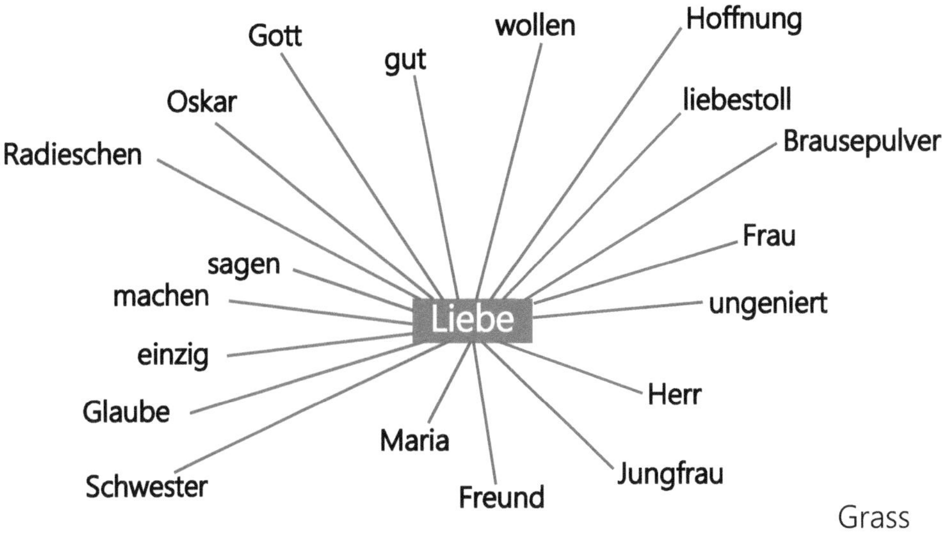

Grass

Ein paar Überlappungen finden wir auch zum allgemeinen *Liebe*-Stern, etwa *Gott* und *Glaube*.

144. Bei Thomas Mann gibt es mehr Gemeinsames. Ich denke, weil das Korpus größer ist. Auffällig hier, dass auch das Wort *Wort* vorkommt.

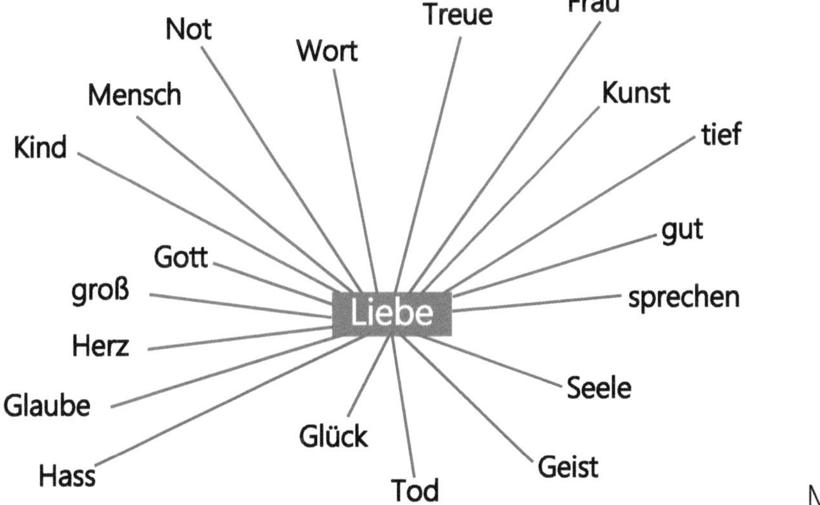

Mann

145. Sollte die Liebe nicht ewig sein? Zum Vergleich hier der CCDB-Stern mit den überwiegend rezenten Daten und einem auf der Basis des Goethe-Korpus.

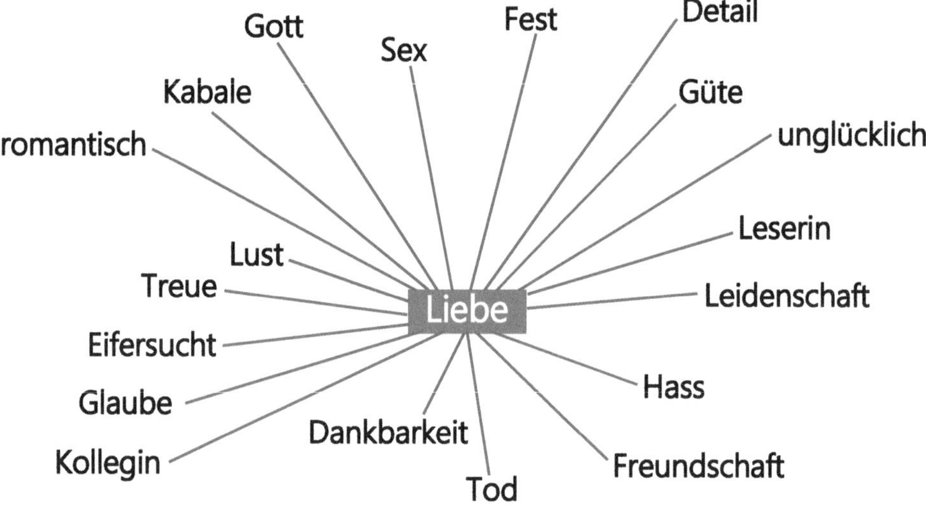

146. Auch da finden wir eher Allgemeines, aber vielleicht auch Goethe-spezifisches wie *Neigung* und *Freude*.

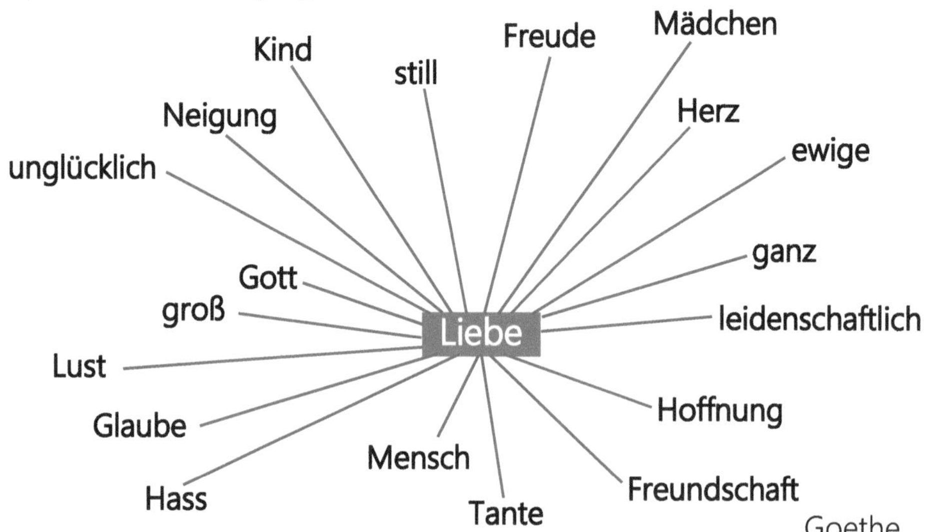

148. Reflexion über Korpus: Unser Korpus sollte möglichst groß sein. Es sollte historisch weit zurückreichen. Synchronie ist ein methodisches Artefakt. De Saussure: „Alle stellen sich die Langue als eine fixe Form vor, [. . .] ohne die geringste Idee des sozio-historischen Phänomens, das den Wirbel der Zeichen in der Vertikalen nach sich zieht." (NOTES_F, 3309) Als Sprecher müssen wir, in der Hoffnung verstanden zu werden, davon ausgehen, Sprache sei konstant. Doch wir wissen,

- dass Deutsch früher anders aussah,
- dass Grass anders schreibt als ich,
- dass Deutsch in verschiedenen Regionen anders klingt.

Und dennoch bauen wir auf Begrenztheit. Als Linguisten scheinen wir dem zu folgen. In der Korpuslinguistik werden methodische Abgrenzungen auf das Korpus übertragen. Gar von Ausgewogenheit ist die Rede. Da werden in Annotationen Textsorten markiert wie Essay, Nachricht, Kommentar und so weiter. Vorgängige Kategorien, die ja wohl grade auch der linguistischen Diskussion ausgesetzt sein sollten.

Sicher merken wir schnell, wenn ein Korpus zeitungslastig ist. Aber es ist Deutsch und wie viel Zeitung zum Deutschen gehört, das wissen wir nicht. Auch Zeitung als sprachliches Register (oder was?) ist ein Artefakt.

Alles gehört ins Superkorpus. Auch Goethe ist im deutschen Superkorpus, und zwar nicht nur primär. Seine Texte werden ja immer wieder zitiert. Aber geht das Original im Superkorpus nicht unter? Und wäre das gerecht? Darüber urteilen wir nicht.

Eine andere Frage ist das Ziel der Untersuchung. Bei Grass war es ein einzelnes Werk. Bei Goethe eher das Gesamtwerk, wenigstens das geschriebene. Und bei Mann auch eine andere Zeit. Da würde man sich kaum zu Aussagen über das Deutsche versteigen. Je nach Zielsetzung wäre aber sogar Gottfried dabei. Und in all diesen Fällen hätten wir leichtes Spiel: Wir hätten die Autoren (mehr oder weniger).

Zurück zur Frage der Größe. Es gäbe eine objektive Methode, die valide Größe zu bestimmen: die half-split-Methode. Man rechnet, halbiert das Korpus, rechnet und schaut, ob die Resultate gleich sind. Wenn ja, wiederholt man das Verfahren, solange das Ergebnis konstant ist. Dann sieht man, wie viel man braucht. Allerdings, ein logisches Problem: Man braucht das größte Korpus.

150. Wir könnten vermuten, dass hier auch Sprachwandel und Sprachgeschichte eine Rolle spielt. Da ist uns Goethe allerdings noch sehr nah. Ganz anders, wenn wir weiter zurückgehen. Im Mittelhochdeutschen hatte die Liebe ja eine Konkurrentin: die minne. Für das große Liebesdrama unterscheiden sie sich so.

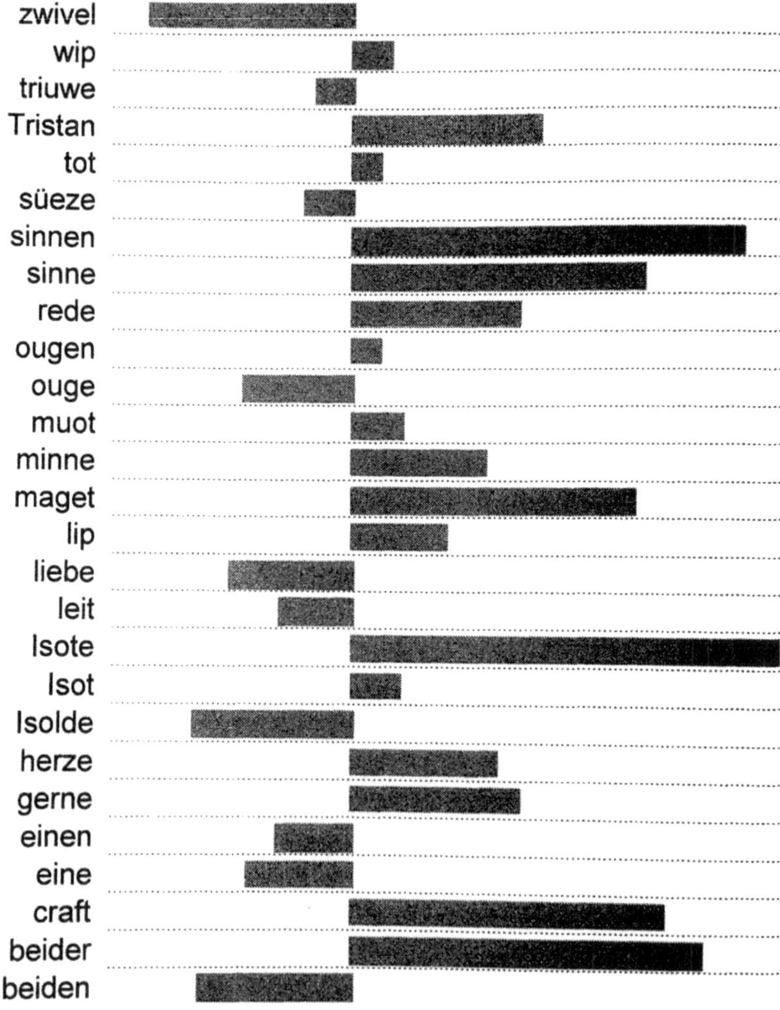

Linksausschläge *liebe*, Rechtsausschläge *minne*.

151. Vielleicht noch als Nachtrag, was es mit der minne auf sich hat. Im Hochmittelalter wurde literarisch stilisiert die hohe minne. Ein soziales Konstrukt, angereichert mit allerlei Ideen und Idealen. Sie sei das typische Liebesideal jener Zeit und abgehoben von der realen Liebe.
Hier diente als Basis „Tristan und Isolde" von Gottfried von Straßburg, dem Liebesdrama jener Zeit.
Wir haben die affinen Satelliten für beide Wörter kontrastiv gezeigt. Das Bild scheint nicht ganz der gängigen Lehre zu entsprechen. *zwivel* und *leit* so nahe bei der *liebe* nicht ganz ins gängige Bild passt.. Erstaunlich auch, dass *sinne* so nahe bei der *minne*, die doch ganz unsinnlich sein soll. Des Reimes wegen?
Wer die sprachgeschichtlichen Darstellungen zu *minne* und *liebe* verfolgt, wird schnell sehen, dass der Sprachgebrauch die reinliche Trennung nicht hergibt. Vor allem scheint es so zu sein, dass im Spätmittelalter die minne abfällt und stark zur fleischlichen Liebe tendiert. Dies mag auch verschiedenen Registern zu verdanken sein.

152. Sollte die Liebe nicht universal sein? Zum Vergleich hier ein Stern zur deutschen Liebe und *love*. Beide basieren auf „Wortschatz Leipzig".

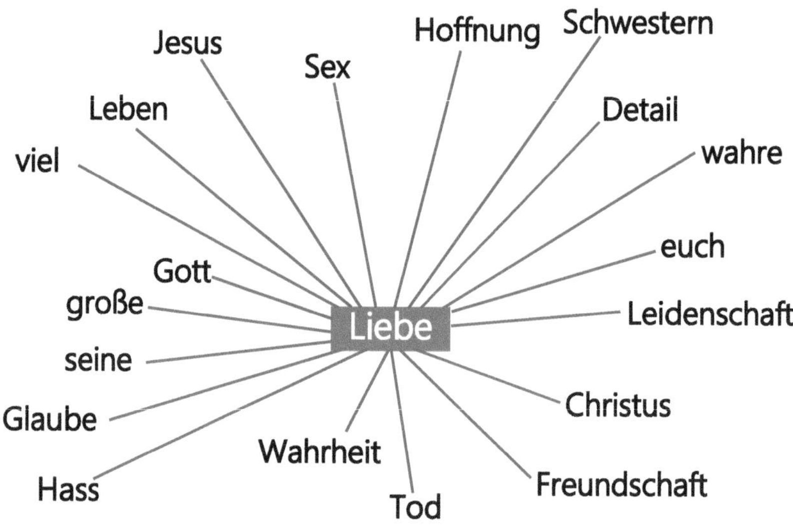

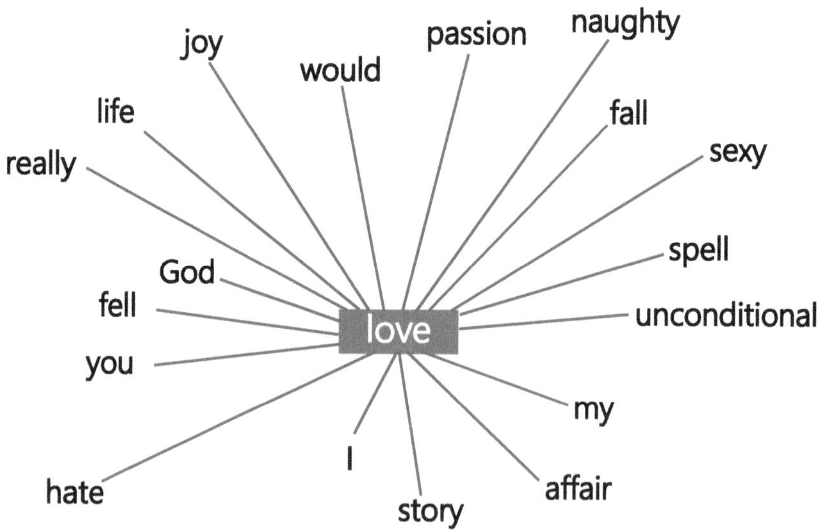

153. In „Wortschatz Leipzig" wird das Verfahren auf viele Korpora in verschiedenen Sprachen angewendet. Zum Vergleich hier ein Stern zur deutschen Liebe und *amour*. Beide basieren auf „Wortschatz Leipzig".

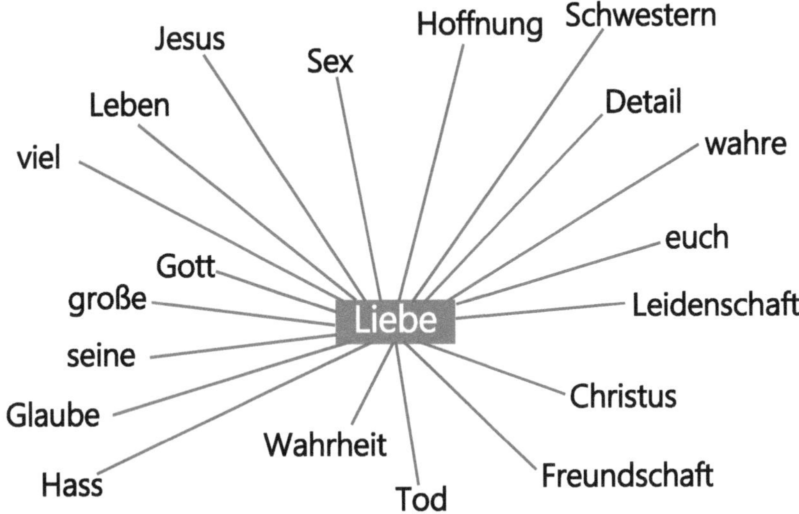

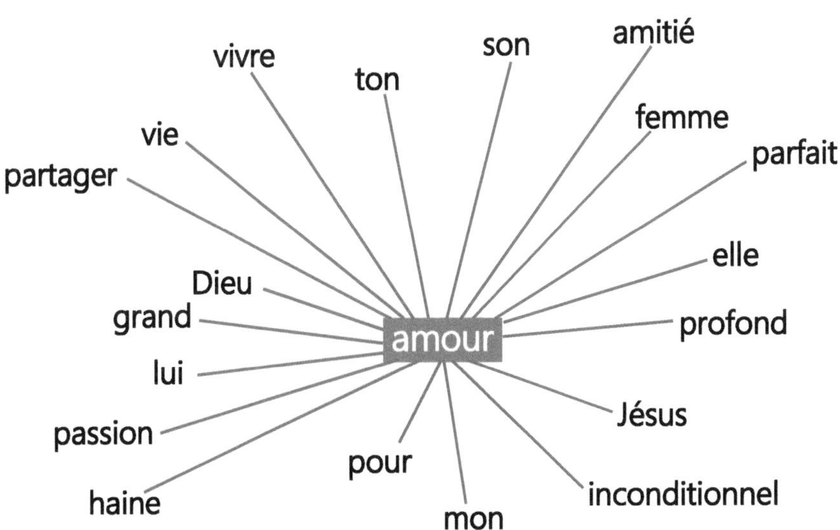

154. Hier bitte zum Vergleich alles übersetzt ins Deutsche, auch als Exempel dafür, dass Übersetzen hier nicht so gut läuft- Auf Anhieb sehen wir ziemliche Unterschiede. Ich überlasse Ihnen die genauere Betrachtung. Nur soviel: *Gott* und *Hass* überall. Und im Französischen kein Sex?

französisch	englisch	deutsch
bedingungslos	Affäre	Christus
dein	du	Detail
Frau	fallen	euch
Freundschaft	fiel	Freundschaft
für	frech	Glaube
Gott	Freude	Gott
groß	Geschichte	große
Hass	Gott	Hass
ihm	Hass	Hoffnung
Jesus	ich	Jesus
leben	leben	leben
Leidenschaft	lieben	Leben
meine	meine	Leidenschaft
perfekt	Neigung	seine
seine	sexy	Sex
sie	unbedingte	Tod
teilen	wirklich	viel
tief	würde	wahre
	Zauber	Wahrheit

9. Ein zerstörtes Spinnennetz mit der Hand in Ordnung bringen

Ludwig Wittgenstein

155. Semantiker sind immer Teilnehmer. Gewöhnlich wird darauf vertraut, sie wüssten, was die Wörter bedeuten. Sie sollten durch ihre interaktive Arbeit besser verstehen, weil sie die Datenlage überblicken. Und dann müssen sie aber noch Dolmetscher spielen, wenn sie ihre Ergebnisse vermitteln wollen.
Das Wort *Liebe* ist eines jener Wörter, deren Bedeutung wir uns sicher fühlen, das uns aber Schwindel erzeugt, wenn wir es erklären sollen. Ganz so, wie Augustinus es für die Zeit bemerkte. Darum gibt es Skeptiker, die Erklärungen über Bedeutungsdefinitionen für verfehlt halten.

156. Mir schiene es ungeheuer schwer, einen verlässlichen Wörterbuchartikel zu schreiben. Normale sind zu kurz, zu kompakt, das Format befriedigt nicht; die empirische Basis ist unzugänglich.
Doch Wörterbücher sind das gängigste, bestens untersuchte semantische Format. Wahrscheinlich haben so ziemlich alle schon in eines geschaut. Vielleicht ergeben Wörterbücher einen Aufriss für unsere Darstellung, einen Ansatz für unsere Kritik. Gehen wir also ganz traditionell zum Wörterbuch. Wir nehmen einen abgemagerten Duden-Artikel zu *Liebe*, der die Bedeutungsstruktur zeigen soll. Er zeigt uns, wie unsicher die Zuordnung von Gefühlen ist. Und schickt uns gleich weiter zu *Gefühl*.

Liebe
1. <o. Pl.> a) *starkes Gefühl des Hingezogenseins zu einem [nahestehenden] Menschen, verbunden mit der Bereitschaft, für das Wohl des anderen zu sorgen, Fehler zu übersehen od. zu verzeihen o.ä.*
b) *auf starker körperlicher, geistiger, seelischer Anziehung beruhende Bindung an einen bestimmten Menschen [des anderen Geschlechts], verbunden mit dem Wunsch nach Zusammensein, Hingabe o.ä.*
2. <o. Pl.> a) *gefühlsbetonte Beziehung zu einer Sache, Idee o. ä.*
b) ***mit L.** (mit großer Sorgfalt, Mühe, Geduld)*

157. Zuerst zum Vergleich hier ein weiterer, etwas umfangreicherer Eintrag. (https:// www.dwds.de/ wb/ Liebe)

1. starkes Gefühl der Zuneigung
a) **für eine Person**
Liebe auf den ersten Blick
die **Liebe** macht blind
umgangssprachlich, **scherzhaft** wo die **Liebe** hinfällt *(= drückt Verwunderung darüber aus, dass jmd. sich gerade in solch einen Partner verliebt hat)*
. . . 24 weitere Beispiele
O dass sie ewig grünen bliebe,/ Die schöne Zeit der jungen **Liebe**! [SCHILLER*Glocke*]
mit Präposition
in Verbindung mit **an**
Mein Leben ist arm an **Liebe** gewesen [HESSE*Narziß*5, 316]
in Verbindung mit **aus**
er hat sie aus **Liebe** geheiratet
der jeden Fehltritt entschuldigt, wenn er aus **Liebe** geschehen ist [ST. ZWEIG*Balzac*133]
in Verbindung mit **mit**
mit abgöttischer, grenzenloser **Liebe** an jmdm. hängen
umgangssprachlich (es ist) wenig, aber mit **Liebe** *(= wird gesagt, wenn man ein zwar kleines, aber von Herzen gern gegebenes Geschenkes überreicht)*
in Verbindung mit **in**
jmd. ist in **Liebe** (zu jmdm.) entbrannt
er hat Glück in der **Liebe** *(= er hat Erfolg in der L.)*
diese zwei jungen Menschen . . . die sich in **Liebe** gefunden haben [BRECHT*Dreigroschenroman*437]
in Verbindung mit **von**
umgangssprachlich, **scherzhaft** die beiden leben von der **Liebe** *(= die beiden brauchen vor lauter Glückseligkeit nichts zu essen)*
in Verbindung mit **vor**
salopp jmdn. vor **Liebe** fressen wollen *(= jmdn. sehr gern haben)*
übertragen
das ist noch nicht die wahre **Liebe** *(= so geht es noch nicht, gefällt es mir noch nicht)*
scherzhaft das tut der **Liebe** keinen Abbruch *(= das schadet nichts)*

b) **für eine Sache, Idee**
die **Liebe** zum Leben, Frieden, zur Freiheit, Wahrheit, Gerechtigkeit
seine **Liebe** zur Natur, Kunst, Musik
seine ganze **Liebe** gehört dem Sport
Lust und **Liebe** zu etw. haben
umgangssprachlich das Essen war mit viel **Liebe** *(= Sorgfalt, innerer Anteilnahme)* gekocht
Lust und **Liebe** sind die Fittiche/ Zu großen Taten [GOETHE *Iphigenie* II 1]

2. Barmherzigkeit, Mildtätigkeit
die göttliche **Liebe**
eine Tat christlicher **Liebe**
Werke der **Liebe** tun
jmdn. mit hingebender, ausdauernder **Liebe** betreuen, pflegen
übertragen
umgangssprachlich etw. mit dem Mantel der **Liebe** zudecken *(= über etw. Unangenehmes nachsichtig schweigen)*

3. **umgangssprachlich** Gefälligkeit, Freundlichkeit
tu mir die **Liebe** und rauche nicht mehr
jmdm. eine **Liebe** erweisen
bei aller **Liebe** *(= bei allem Entgegenkommen)* kann ich dir den Wunsch nicht erfüllen
sprichwörtlich eine **Liebe** ist der anderen wert

4. **umgangssprachlich** Person, der jmds. starkes Gefühl der Zuneigung zuteilwird
sie ist seine erste, große **Liebe**
„Mach dir keine Sorgen", sagte ich und strich meiner alten **Liebe** die Sorgenfalten . . . aus dem Gesicht [HARTUNG *Wunderkinder* 195]

5. „brennende **Liebe**"

158. Beide Artikel zeigen uns erst einmal das übliche Bedeutungssplitting. Die Kriterien dafür erkennt man nicht immer leicht. Sie sind natürlich durch Paraphrasen gegeben. Allerdings gliedert der längere DWDS-Artikel etwas feiner in fünf Unterpunkte. Bei genauerem Hinsehen – und Ignorieren von 5., das sowieso etwas seltsam und verloren dasteht – sehen wir, dass beide vier Verwendungsweisen unterscheiden, Duden allerdings mit innerer Gewichtung. Beide differenzieren die ersten beiden analog über die Kategorie des Arguments. Man kann sich aber schon fragen, warum man differenzieren muss zwischen Person und Sache, und besonders, was das bei der Bedeutung von *Liebe* bewirkt. Duden bietet beim ersten Punkt eine Binnendifferenzierung, deren 1a vielleicht dem DWDS-2. entspricht, jedoch mit anderer Bedeutungsbeschreibung. Über die Zuordnung der Beispiele könnte man gut streiten.

159. Nach unseren Kenntnissen über Liebe zeigen beide Artikel einen bias, den man vielleicht erwarten kann, da Wörterbücher sich ja seriös geben müssen. Bei Duden könnten wir das „o. ä." leicht fortsetzen mit Sex und allem Drum-und-Dran, im DWDS ist davon nichts zu sehen. Auch wenn wir weiter in die Tiefe gehen, gibt es keine entsprechenden Beispiele, von der Bedeutungsangabe ganz zu schweigen.

160. Da lohnt sich vielleicht ein Abgleich des Artikelvokabulars mit den Kookkurrenten. CCDB liefert uns mehr als 2000. Darunter immerhin auch einige des Artikels. Der enthält aber auch viele, die sich unter den Kookkurrenten nicht finden. Umgekehrt – und das kann man durchaus als methodische Schwäche sehen – spielen von den affinsten 20 die folgenden im Artikel keine Rolle: *Dankbarkeit, Detail, Kabale, Hass, Freundschaft, Leidenschaft, Sex, Sehnsucht, Eifersucht, Glaube, Tod, unglücklich, Gott.* Das kann man im Fall von *Hass* dem Wörterbuchformat zugute halten, bei *Gott* ist es aber gewiss ein Mangel.

161. Wir schauen weiter nach *Gefühl,* das in beiden Artikeln als genus proximum verwendet wird, wohin man also als Nutzer geschickt würde.

162. Diesmal ein anderes klassisches Wörterbuch. Ich formatiere etwas übersichtlicher (Wahrig 2011).

Gefühl (n.; -(e)s, -e)
1 (Pl. selten) *Wahrnehmung durch die Sinnesorgane, bes. durch den Tastsinn;* Druck ~, Durst ~, Hunger ~, Schwindel ~; ein ~ der Kälte, des Schmerzes; ohne ~; dem ~ nach nicht zu unterscheiden; ich habe in den Füßen gar kein ~ mehr
2 *innere Regung, seelische Empfindung;* **a**. *Sentiment, Emotion*; ein ~ der Freu-de, des Hasses, der Reue, der Scham; jmdm. freundschaftliche ~e entgegenbringen; jmds. ~e (nicht) erwidern; hast du denn kein ~?; seinen ~en freien Lauf lassen; ein ~ der Angst überkam mich; seine ~e unterdrücken, verbergen, verraten; jmds. ~e verletzen; er kann seine ~e nicht zeigen; ein aufsteigendes ~ der Abneigung; ein heißes, warmes ~ der Dankbarkeit; ein inniges, tiefes ~; zärtliche ~e (für jmdn.) hegen; mit ~ singen; ein Mensch ohne ~; sich von seinen ~en hinreißen, übermannen lassen
2.0.1 mit gemischten ~en *teils mit Freude, teils mit Furcht u. unguten Erwartun-gen*; dem Urlaub mit den beiden sehe ich nur mit gemischten ~en entgegen; ich habe deinem Vorschlag nur mit gemischten ~en zugestimmt; diesen Plänen stehe ich mit gemischten ~en gegenüber
2.1 ~e (für ihn) erwidern würde; zu lange schon hatte er ihr seine ~e verschwiegen
3 *Sinn, Aufgeschlossenheit, Eindrucksbereitschaft, Verständnis*; Takt ~; ein feines ~ für etwas haben; er hat kein ~ für den Wert des Geldes; das richtige ~ für etwas haben; da kann ich mich auf mein ~ verlassen; sie hatte im Umgang mit Farben schon sehr früh ein sicheres ~ bewiesen
3.1 das ist das höchste der ~e (umg.)
3.1.1 *das ist das Äußerste, dem ich zustimmen, das ich billigen kann*; bis 11 Uhr hast du Ausgang, das ist das höchste der ~e
3.1.2 *das ist das Beste, das zu erreichen ist, das Schönste, das ich mir vorstellen kann*; jetzt ein Himbeereis mit Sahne – das wär das höchste der ~e!
4 *Ahnung, ungenaues Wissen*; ein ~ haben, als ob . . .; ich habe das dunkle ~, dass das nicht gut geht
4.1 etwas im ~ haben *instinktiv wissen*; das habe ich so im ~

163. Auf weitere eventuelle Zirkularität einzugehen lohnt sich wohl nicht. Das ist bekannt. Ebenso wenig auf die Gliederung und Unterscheidung der Verwendungsweisen. In einem Punkt scheinen alle drei Artikel windschief. Sie handeln weitgehend nicht von dem Wort *Liebe* oder dem Wort *Gefühl* und wie sie verwendet werden. Eher ist das Ganze zu verstehen wie eine Definition von Liebe und Gefühl. Wir sehen überraschend, dass Liebe nur in einer der vier Verwendungsweisen ein Gefühl sein soll. Und das scheint korrekt. Liebe ist zwar mit vielen Gefühlen verbunden, aber in der Verwendung von *Liebe* überwiegt der soziale Aspekt.

164. Zum *Gefühl*-Artikel nur ein paar Hinweise: Erstaunlich ist der Versuch, die Pluralfeindlichkeit nur der ersten Verwendungsweise zuzuschreiben, man beachte aber schon das hedgende „selten". Wieso aber soll in *Gefühl der Kälte* eine andere Bedeutung oder Verwendungsweise vorliegen als in *Gefühl der Scham*? Ebenso wenig wird das Kriterium der Abspaltung der vierten Verwendungsweise deutlich, obwohl es das einzig klare ist, nämlich die propositionale Ergänzung, übrigens wie bei *Liebe*. Und wenn man schon über die Schnitte nichts erfährt, so erst recht nichts über die Gemeinsamkeiten. Was haben Wissen und seelische Empfindung gemeinsam?

165. Weiter zu *Gefühl*. In der ersten Bedeutungsangabe erfahren wir sehr Eigenartiges über die Welt, unter Anderem, wir hätten ein Organ, ein Sinnesorgan, mit dem wir Hunger und Kälte wahrnehmen. Wo ist es? Die Bedeutungsangabe würde typischerweise für richtige Wahrnehmungen gelten wie das Sehen, für das wir ja wirklich ein Organ haben. Geht die Argumentation so: Gefühle nehmen wir wahr, also sind sie Wahrnehmungen? Wie trennt man dann Verwendung zwei? Gefühle empfinden wir, also sind sie Empfindungen. Was wären sie dann noch alles? Natürlich ist nicht alles, was man wahrnimmt, eine Wahrnehmung. Im Gegenteil: Meist sind es Dinge, die man wahrnimmt. Ebenso wenig ist alles, was man spürt oder fühlt, ein Gefühl. Ich kann auch mein Geld in der Hosentasche spüren.

166. Die Bedeutungsangaben im Einzelnen scheinen eher willkürlich und windschief. Woher weiß man, wie die gemischten Gefühle gemischt sind, nämlich aus Freude und Furcht? Für die meisten Verwendungen wäre diese Paraphrase unangemessen. Wer hat schon Furcht, wenn er etwas mit gemischten Gefühlen sieht. Außerdem werden Verwendungsweisen auseinandergerissen. So kommt in der dritten nicht mehr heraus, was sie mit der zweiten zu tun hat. (Was ist übrigens Eindrucksbereitschaft? Eine gute Erklärung?)

167. Kommen wir zurück zum Duden-Artikel „Liebe". Etwas heikel erscheint die Erklärung der zweiten Verwendungsweise mit dem Wort *Beziehung*. Ein zweites dickes Erklärungswort. Dies trifft zwar den relationalen Charakter von *Liebe* generell mit seinem Frame aus zwei Slots. Aber es kommt in die Nähe des Konkurrenten von *Liebe*, nämlich der rezenten und wohl von der allgemeinen Bedeutung ausgegangenen Verwendung von *Beziehung*. Die allerdings fasst das Phänomen ganz anders. Wer Liebe als Beziehung fasst, ist nicht mehr bei der Liebe.

168. Die Auseinandersetzung über die Definition von Liebe und Gefühlen kann auch in Zusammenhang gebracht werden mit der Frage, ob es überhaupt sinnvoll ist, eine Definition anzustreben, ob es möglich ist, eine zu gewinnen. Wer präskriptiv vorgeht und schaut, ob seine Präskription sich bewährt, wird dies bejahen. Aber wenn man ein Wort und seinen Gebrauch untersucht, ist nicht ausgemacht, welche Form die Ergebnisse haben. Alles spricht dafür, dass die Verwendung eines Worts nicht in einer schlichten Definition zu fassen ist, jedenfalls nicht, wenn man deskriptiv bleibt.

169 Die Ordnung der Semantik ist die Ordnung der Beschreibungssprache.

170. Es ist allerdings meine methodische Grundüberzeugung, dass die Gegenstände, die wir mit unsrer Beschreibungssprache voraussetzen und damit eben die Bedeutungen der Wörter unsrer Beschreibungen, nicht einfach da sind, etwa als universale Primitive.

171. Insbesondere die dicken Wörter wie *Gefühl, Beziehung, körperlich, geistig* müssen in ihrem Gebrauch von unten, das heißt von den Verwendungen her, genauso expliziert werden wie die untersuchten Wörter.

Da Sie mittlerweile mit *Liebe* vertraut sind, hier bitte ohne Kommentar CCDB zu *Beziehung*.

Vieles passt auch zu *Liebe*, nur mit anderer Gewichtung. Aber *eine enge Liebe*? Und *Gott* doch recht klein.

172. Da eine verlässliche Differenziertheit letztlich nicht möglich ist, sollten wir lieber ganz auf die dicken Wörter verzichten. Sie erklären nichts.
Stattdessen: Wir reduzieren die Definition von Liebe auf die Frage, welche Wörter es sich im Zusammenhang mit *Liebe* zu betrachten lohnt. Wir reduzieren die Probleme der Definition auf die extensive Exploration und Darstellung. Und wir erweitern damit den Erkenntnishorizont.

173. Bei *Gefühl* wie bei *Liebe* steht der Versuch einer klassischen Definition übrigens vor der Frage, wie es möglich sein soll, etwas Unklares klar zu definieren. Dies betrifft in gewissem Sinn jede linguistische Analyse und es war seinerzeit ein Argument gegen die formale Bearbeitung natürlicher Sprachen. Lange schien die Frage gelöst – indem man die Augen zudrückte oder die Normierung akzeptierte, die die formale Darstellung nach sich zog. Der andere Weg ist der der immer feineren Differenzierung, ein Weg, der sich klassischen Definitionen vom Ansatz her verbietet, und darum sind sie für solche Fälle ungeeignet. Aber wie soll man die Unschärfe scharf bekommen? Ist dies das Problem der fraktalen Geometrie? Ist dies die Frage: Wie lang ist die Küste Englands?

174. Wenn wir von Erweiterung des Horizonts reden, ist naheliegend, einfach das semantische Netz des Stichworts weiter zu lupfen. Ein erster Schritt ist, die Kondensate der Satelliten zu integrieren. Da bleiben wir auf der gleichen theoretischen Ebene. Und wir steigen nicht hinauf in eine unsichere Beschreibungssprache.
Ich gehe aus von einem beschnittenen CCDB-*Liebe*-Stern und hänge zwei aus dem Netzwerk an.

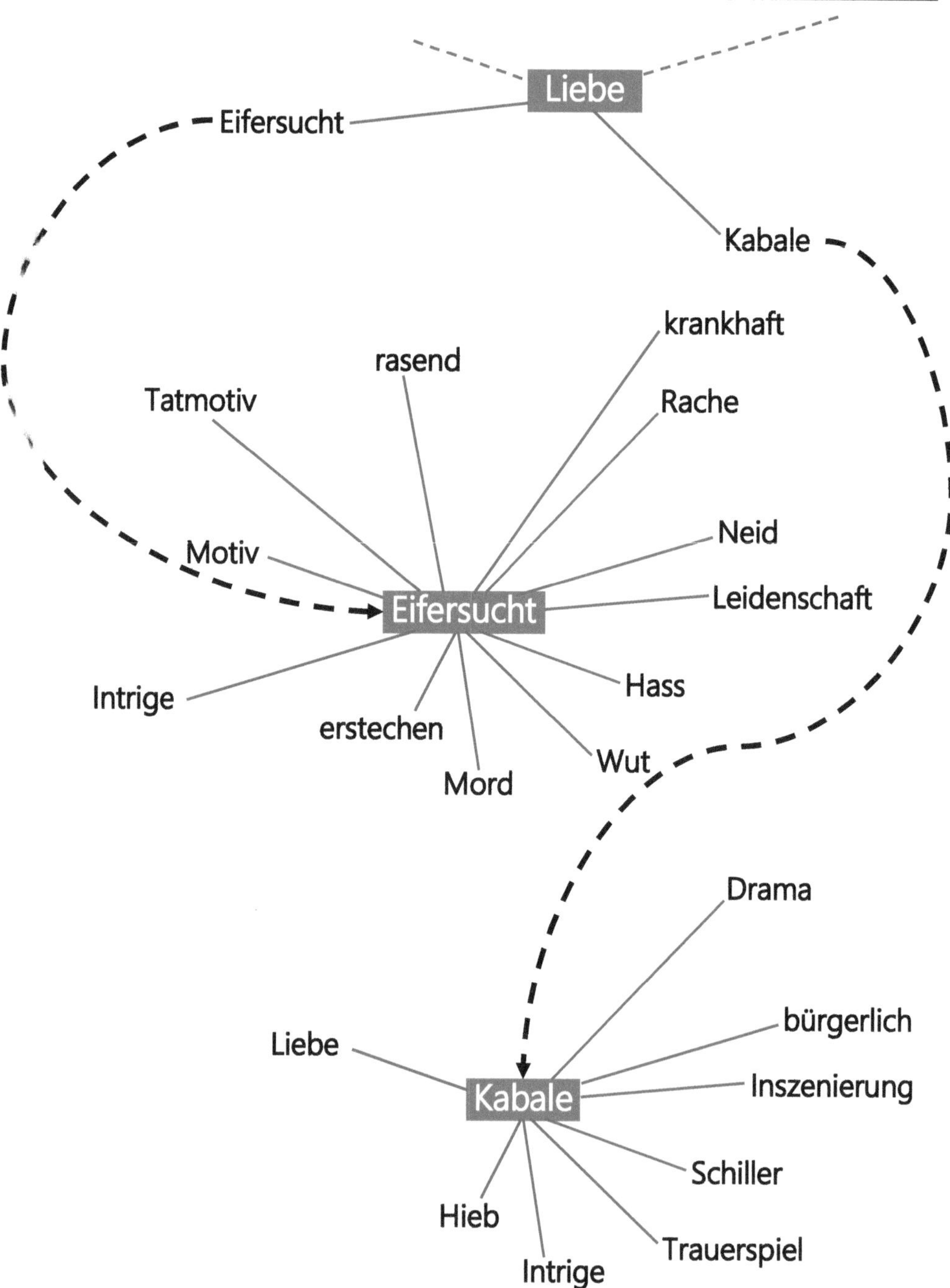
Liebe
Eifersucht
Kabale
krankhaft
rasend
Tatmotiv
Rache
Neid
Motiv
Eifersucht
Leidenschaft
Intrige
Hass
erstechen
Wut
Mord
Drama
bürgerlich
Liebe
Inszenierung
Kabale
Schiller
Hieb
Trauerspiel
Intrige

175. Wenn wir nun schon beim Spinnennetz sind, können wir auch weitergehen.

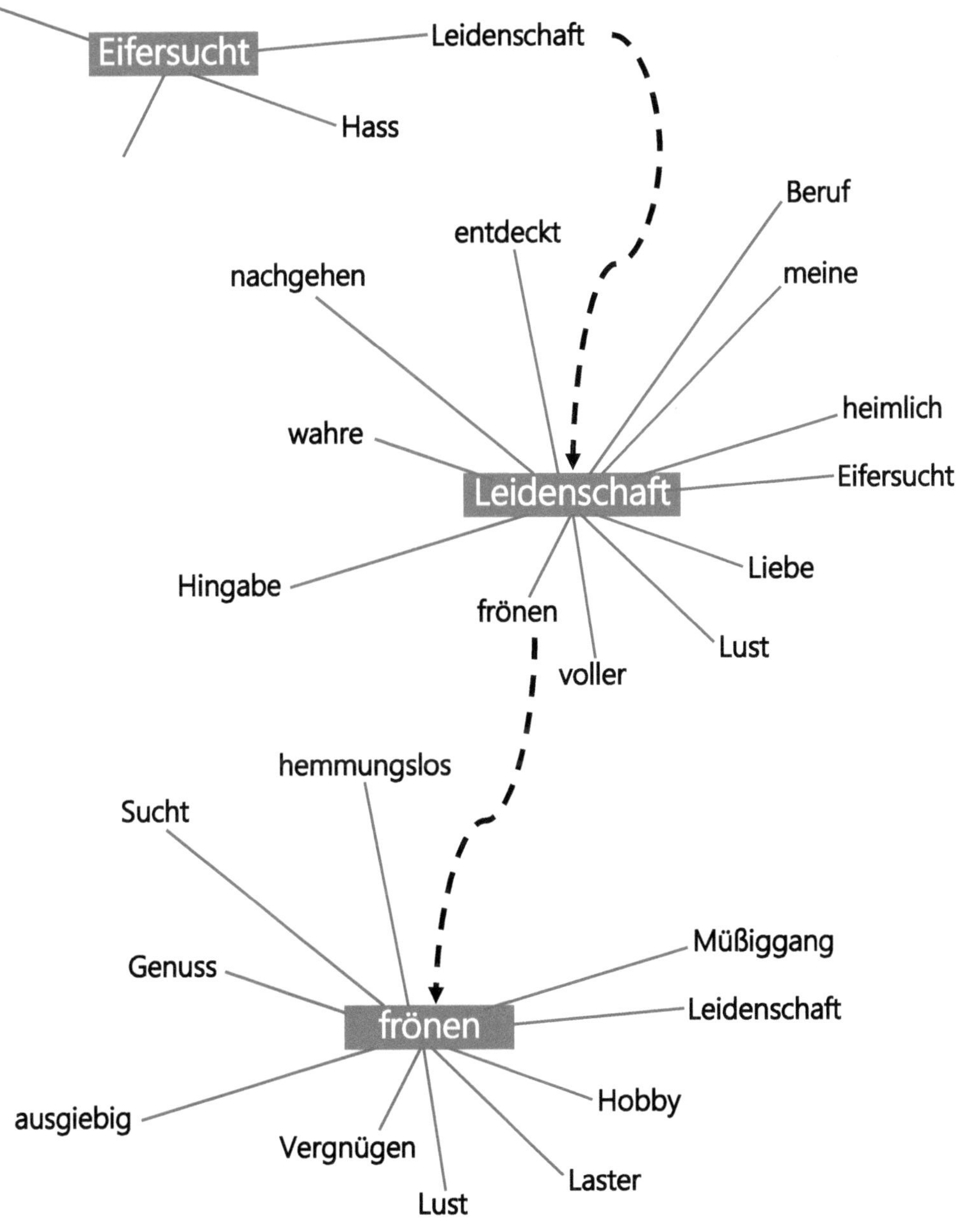

176. Wir erkennen hier Einiges:

- Wenn wir von *Leidenschaft* weitergehen, kommen wir auch wieder zu *Eifersucht*.
- Wir kommen von *Eifersucht* wieder zu *Liebe* und allerhand aus seinem Bereich wie etwa *Lust*, vielleicht auch *heimlich*.

Ähnlichkeit ist eine symmetrische Relation. Wenn *Liebe* zu *X* ähnlich ist, dann ist *X* auch zu *Liebe* ähnlich.

Eifersucht öffnet sein eigenes Umfeld. Darin das eher seltene Verb *frönen*. Auch bei ihm wieder *Leidenschaft* in der Gegenrichtung. Irgendwie geht es hin und her. Und durchgängig *Lust*.

177. Die Spinnennetzmetapher fasst die Struktur des Wortschatzes nur halb. Netze sind zweidimensionale Gebilde. Sie sind zwar im dreidimensionalen Raum, aber strukturell nur zweidimensional.

Wortschatz ist im semantischen Raum. Er hat räumliche Tiefe. Die Wörter kommen hier nur einmal vor, aber ihre Vernetzung ist dreidimensional. Darum sind unsere Sterne und Netze nur zweidimensionale Projektionen und darum müssen Wörter wiederholt vorkommen, weil wir es eben mit mehreren Projektionen zu tun haben.

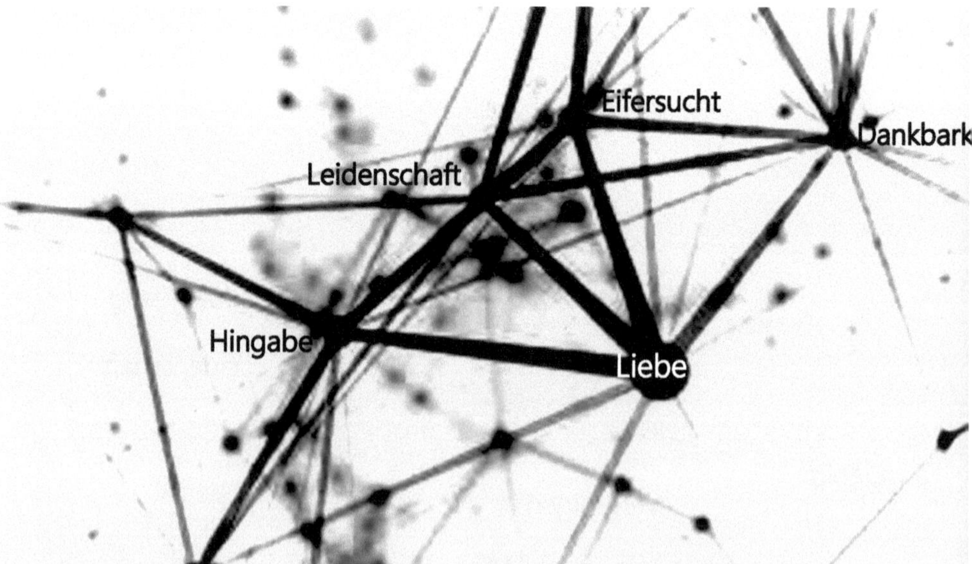

So könnte man sich den semantischen Raum ausmalen.

Kostproben

10. Liebe ist kein Gefühl, Liebe wird erprobt.

Ludwig Wittgenstein

Gestatten Sie mir etwas Laienphilosophie – oder einen linguistischen Beitrag zu Philosophie? Wittgenstein befasst sich in seiner Spätphilosophie intensiv mit Verben und Ausdrücken, bei denen sauber unterschieden werden muss zwischen ihrer Verwendung in der ersten Person und in der dritten Person. Solche Verben sind etwa *wissen* und *fühlen*.

178. Wir schauen hier aus der Eigenperspektive (ich-Perspektive) und der Fremdperspektive (sie-Perspektive):
Meine Gefühle sind meine, kein andrer kann sie haben. Bei meinen eigenen Gefühlen bin ich ganz sicher, dass ich sie habe. Es gibt keine Frage der Wahrheit, Zweifel greifen nicht. Ich habe meine Gefühle einfach, und es wäre sehr komisch zu sagen:

◊ Ich dachte, ich sei traurig, aber ich war es gar nicht.
◊ Ich war traurig und habe es nicht gemerkt.

Und wenn ich sage:

◊ Ich habe Heimweh.

so kann ich mich dabei nicht irren. Es ist keine Behauptung, sondern die Äußerung eines Gefühls. Niemand kann die Äußerung widerlegen. Darum ist auch ein Insistieren nicht angebracht:

◊ Ich weiß, dass ich Heimweh habe.

Natürlich kann man so etwas sagen, aber nur in bestimmten Situationen, zum Beispiel als Beispiel für die Verwendung von *Heimweh*.
Darum wären auch therapeutische Fragen unsinnig wie:

◊ Bemerken Sie Ihre Gefühle normalerweise sofort?

Und eher paradoxe Antworten wie:

◊ Ich bemerke meine Gefühle schon im Anfangsstadium.
◊ Ich bemerke meine Gefühle erst, wenn sie stärker werden.

179. Der ich-Perspektive entgegengesetzt sind die Perspektiven aller anderen grammatischen Personen, die wir im „sie“ zusammenfassen. Hier greift der Zweifel, weil wir uns in der Zuschreibung von Gefühlen irren können und weil andere sie vortäuschen können. Darum brauchen wir hier z.B. Kriterien dafür, ob jemand ein Gefühl hat oder nicht. Wir müssen beobachten können und Schlüsse aus Beobachtungen und Symptomen ziehen.

180. Ausdruck von Gefühlen (Innen vs. Außen): Gefühle werden oft als eher privat angesehen. Sie seien eben in uns drinnen. Aber sie spielen natürlich ihre Rolle in der Interaktion und in der Kommunikation. Darum haben sie auch ein Außen und einen Ausdruck. Bei Schmerz verziehen wir das Gesicht usw. Das halten wir oft für natürliche Reflexe, wer den Schmerz nicht zeigen will, muss den Ausdruck unterdrücken. Aber neben dem natürlichen Ausdruck gibt es auch den konventionalisierten Ausdruck. Und die Grenze zwischen beiden ist nicht klar gezogen.
Zur Trauer etwa passt das Weinen. Aber ob man sozusagen für sich allein weint oder ob man anderen damit auch die Trauer zeigt oder sogar zeigen will, das ist ja nicht unbedingt eine Frage, die zu entscheiden ist.

181. Im Ausdruck gibt es Unterschiede: Gefühle, die eher tief drinnen sitzen und bleiben, die sich aber dennoch ausdrücken. Dann Gefühle, die stärker nach außen drängen, wie Zorn und Wut, die auch dramatische Ausdruckszüge annehmen. (Sie sind auch aktiver und fungieren häufiger als Motive fürs Handeln.) Oft ist sogar ein öffentlicher Ausdruck für das Gefühl vorgesehen, etwa eine Sitte, dass man Trauer trägt. Der Ausdruck des Gefühls ist oft ein Kriterium für die Zuschreibung des Gefühls in der Fremdperspektive. Nur er stellt sicher, dass wir die Fremdperspektive überhaupt einnehmen können. Sonst sind wir auf Vermutungen angewiesen.

182. Der Ausdruck ist ein öffentliches Kriterium des Gefühls, er ist aber weder eine logische noch eine kausale Folge des Gefühls. Man kann ein Gefühl haben ohne den entsprechenden Ausdruck. Aber es ist nicht wie beim double bind unbedingt glaubwürdig, ein bestimmtes Gefühl zu haben und einen ganz unpassenden Ausdruck dazu, z.B. große Wut und ein freundliches Lächeln.

183. Im Vordergrund steht der Ausdruck von Gefühlen in Mimik, Gestik und Habitus. Hier lesen wir ab, dass ein Anderer das Gefühl hat. Die Freude besonders in den Augen und im Gesicht; die Angst in den Augen, dem ganzen Gesicht (ins Gesicht geschrieben) und auf der Stirn.
Vieles erkennt man im Blick: die Angst, das Misstrauen, die Eifersucht und den Neid. Vor Angst wird der Blick starr, mit aufgerissenen Augen. Ausdruck ist aber auch vor Neid erblassen, vor Scham erröten oder vor Wut rot anlaufen und aus Freude lachen oder lächeln. Manche Gefühle haben sozusagen ein Ausdrucksarsenal: Bei Scham senken wir den Blick, wenden das Gesicht ab, drehen den Kopf zur Seite oder senken ihn nach unten, vielleicht schließen wir die Augen oder kucken weg.

184. Dauer/ Verlauf: Wörterbucherklärungen behaupten oft, ein Gefühl sei ein Zustand. Das ist grob und falsch. Zustände kann man ja nicht spüren. Mit solchen Erklärungen soll aber auch auf einen zeitlichen Aspekt hingewiesen werden. Der zeitliche Aspekt greift bei den verschiedenen Gefühlen und vor allem auch bei den Gefühlswörtern und ihren Verwandten unterschiedlich ein. Wichtig ist vor allem, ob es sich beim Haben des Gefühls um ein Erleben, eine Episode also, handelt, oder um etwas Stehendes, Dauerhaftes, oft eine Eigenschaft oder Disposition. So sprechen wir mit „X ist traurig." von einer Episode, mit „X ist furchtsam." eher von einem stehenden Charakterzug.
Die beiden Aspekte werden oft durch unterschiedliche Wortbildung getrennt. So hat etwa *ängstlich* beide Aspekte, *furchtsam* ist nur stehend, *traurig* nur episodisch.

185. Eine etwas andere Frage ist, ob und in welcher Weise das Haben eines Gefühls Dauer hat. Angst wie Trauer haben Dauer. Die Fragen „Seit wann?" und „Wie lange?" machen Sinn. Der Schreck ist aber punktuell, hier macht diese Frage nach der Dauer keinen Sinn.
Sonst ist bei einem Gefühl die Frage des Entstehens relevant, ob es einen plötzlich überkommt oder ob es langsam wächst und sich entwickelt.

186. Metaphorik: Die Rede von Gefühlen ist weitgehend metaphorisch geprägt. Allerdings bleibt hier ein gewisses Problem, was metaphorisch ist. Wenn man über Gefühle nicht anders als metaphorisch reden kann, dann klingt das sehr nach einem wenig sinnvollen Gebrauch des Terminus „metaphorisch".
Die Unterscheidung von metaphorischer und normaler oder wörtlicher Rede ist irgendwie dogmatisch. Ich kann sie aber rechtfertigen, etwa wenn es mir gelingt, einen ganzen Mechanismus aufzudecken, der mir gestattet, ein Bündel von Verwendungen eines Worts aus anderen Verwendungen zu erklären. Oder wenn es mir gelingt, wiederkehrende Eigenschaften einer Gruppe von Wörtern aus einer Regularität zu erklären. Paradefall wäre etwa die Erklärung des temporalen Gebrauchs vieler Präpositionen aus ihrem lokalen Gebrauch mit dem Mechanismus der Auffassung von Zeit als Raum.

187. Dieser Mechanismus oder diese Regularität ist ein metaphorisches Modell. Das metaphorische Modell wirft ein erhellendes Licht auf unsere Auffassung des jeweiligen Gefühls zum Beispiel. Es trägt bei zur Erkenntnis des Wesens. Auch wenn wir nicht ernsthaft glauben, dass etwa die Eifersucht ein Tier ist, so hat sie für uns dennoch etwas von einem Tier, weil sie z.B. tut, was ein Tier tut oder tun könnte. „Tun könnte" deutet auf den produktiven Aspekt solcher Metaphorik.

188. Fraglich ist im Einzelnen aber auch: Was ist jeweils metaphorisch gebraucht? Wenn die Angst groß und die Trauer tief ist, dann sind es wohl die Adjektive, die metaphorisch gebraucht sind. Deshalb kann man daraus etwas über die Auffassung und den Charakter des jeweiligen Gefühls entnehmen.

189. Bei einer Anzahl von Gefühlen spielt die Beurteilung, die Graduierung nach der Tiefe eine Rolle. Dem liegt die Vorstellung zugrunde, dass Gefühle etwas sind, das im Körper drinnen ist, nicht nur dass sie tief sitzen können, sondern auch dass sie tief hinein reichen, hineingehen, sich sozusagen ausdehnen, auf jeden Fall Ausdehnung haben.

190. Ein metaphorisches Modell kann man etwa so beschreiben: Gefühle sind ontologisch dynamische Gegenstände, die im Körper entstehen, sich dort befinden, größer werden, wachsen können und auch wieder verschwinden. Gefühle sind irgendwie etwas Lebendiges. Sie werden geweckt und leben in uns. Die Angst beschleicht einen, die Eifersucht und der Neid nagen sogar an uns. Eine kleine Sammlung affiner Verben zeigt sie wie kleine Monster.

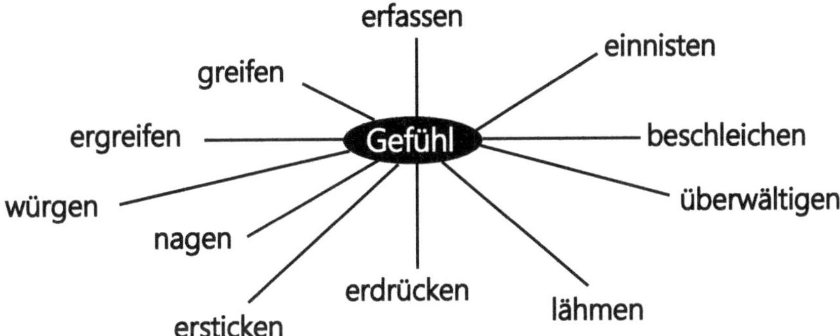

191. Ein anderes metaphorisches Modell wäre: Gefühle sind Feuer. Dies sind verhältnismäßig ferne Satelliten, sie bilden aber eine kohärente Auswahl.

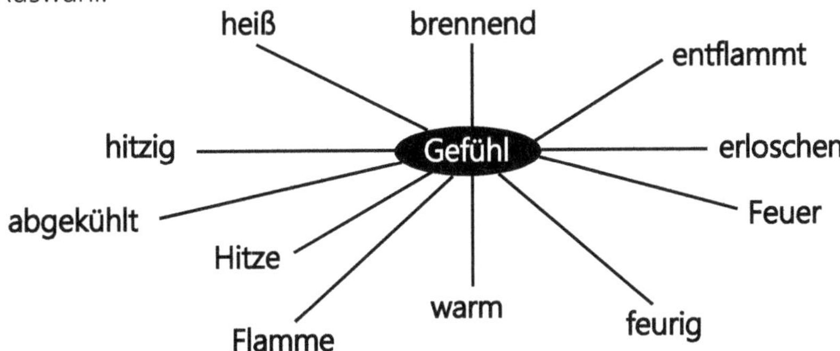

192. Situs: Ein Schmerz ist ein Gefühl, das einen klaren Ort hat. Schmerzen treten an verschiedenen Stellen des Körpers auf, und ich kann sagen, wo ich sie spüre: am Bein, im Kopf, im Zahn und seiner Umgebung. Anders ist das schon bei seelischen Schmerzen wie vielleicht: die Trauer. Hier scheint eine Art Übertragung des (primären?) Gebrauchs vorzuliegen; man kann nicht mehr sagen, wo der seelische Schmerz weh tut. Schmerz kann man fast überall im Körper spüren, Angst nicht. Die Angst hat einen speziellen Situs. Der Situs ist allerdings nicht der Ort, wo das Gefühl ist. Diese Rede ist nicht sinnvoll. Er ist der Ort, wo man es spürt – in der Rede. Und er ist nicht da, wo Psychologen sagen, dass die Gefühle seien, im limbischen System. Da spüren wir nix.

193. Bei *Gefühl* ist der Anteil des Körperlichen etwas geringer als bei *Schmerz*. Dennoch hat man Gefühl im ganzen Körper, öfter ist es allerdings erst erwähnenswert, wenn man in einem Körperteil kein Gefühl mehr hat, sonst eher selbstverständlich. Das wichtigste Organ für körperliche Gefühle sind vielleicht die Fingerspitzen. Aber auch hier ist schon die Übertragung ganz gewöhnlich. Das Wort *Fingerspitzengefühl* wird fast nur metaphorisch verwendet. Eher übertragene Verwendungen sind auch bei andern Gefühlen der Normalfall, wenn man von Übertragung überhaupt sprechen sollte. Denn einen anderen, einen eigentlichen Gebrauch gibt es hier nicht.

194. Anders als bei der Sinneswahrnehmung haben wir kein Organ, mit dem wir Gefühle empfinden. Mit jenen Organen nehmen wir wahr, aber die Wahrnehmungen sind nicht dort. Außerdem kann ich meine Wahrnehmung schon mal bestimmen, Gefühle aber kommen mir. Obwohl man die Gefühle nicht körperlich spüren muss, haben sie oft ihren Situs. Die Liebe ist/ wohnt im Herzen, und dort spürt man sie wohl auch. Das Herz ist mit Gefühlen bevölkert. Im Herzen auch die Trauer, die Freude und das Misstrauen. Auch der Neid, die Eifersucht und die Wehmut. In der Seele, im Busen und der Brust halten sich schon mal Freude, Neid und Angst auf; die Angst besonders im Bauch und in der Brust. Solche Redewendungen sind nicht rein metaphorisch. Alle entsprechenden Idiome haben einen physischen Background oder körperlichen Untergrund. Das Psychische und das Physische sind eben nicht so getrennt.

195. Intensität: Wie stark und wie intensiv ein Gefühl empfunden wird, ist immer ein Thema. Dies kann einmal als Eigenschaft je eines Gefühls angesehen werden und vergleichend untersucht werden (Scherer/ Walcott 1994), mit dem Ergebnis, dass etwa Freude und Angst intensiver empfunden werden als Scham. Ob das sinnvoll ist, bleibe dahingestellt. Hier geht es um eine Dimension einzelner Gefühle und vor allem darum, wie ihre Intensität ausgedrückt wird. Dafür scheint vor allem der Adjektivbereich zuständig.

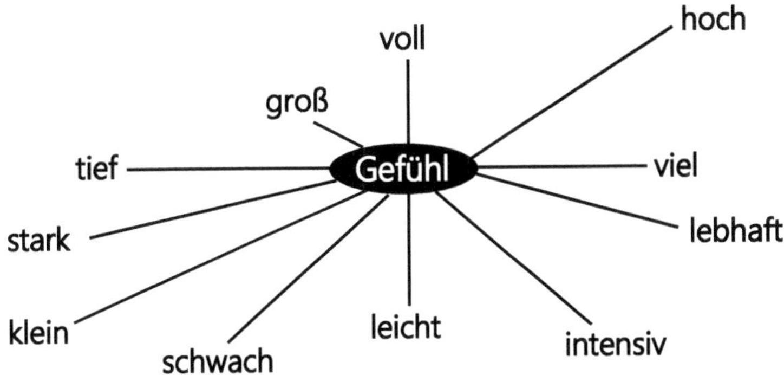

196. Im entsprechenden Stern fällt strukturell auf, dass es zu manchen intensifiern kaum ein Gegenteil gibt, dass also ein Pol in dieser Dimension bevorzugt scheint. Polar ist die Rede von starkem und schwachem Gefühl. Bei *leicht* aber ist der Gegenpol schon kaum ausgeprägt und bei *tief* liegt das partielle Antonym *hoch* auf einer anderen Achse. Dies könnte für verschiedene Gefühle variieren. Außerdem ist auffällig, dass magnifier überwiegen und affiner sind als die entsprechenden diminisher. Das gilt etwa für das hochaffine *groß* im Vergleich zu *klein*.

197. Bemerkenswert ist, dass alle Gefühle, die irgendwo spürbar sind, im Leib spürbar sind. Keine sind im Kopf, außer Kopfweh. Der Kopf ist für was Andres zuständig.

198. Eine Fundgrube für Gefühle sind Somatismen.
Herz

- Herz ist der Ort der Gefühle.
- Im Herzen ist die Liebe.
- Im Herzen ist Wärme.
- Das Herz ist ein Gefäß.

Am schönsten ist es ein Herz und eine Seele zu sein. Sollte es einem allzu schlecht gehen, kann man sich ein Herz fassen und es ausschütten.

Kopf

- Kopf ist der Ort des Denkens, des Verstands.
- Der Kopf ist ein Raum.
- Kopf bedeutet Kontrolle.
- Kopf steht für Leben.
- Kopf ist oben.
- Kopf steht als Teil für den ganzen Menschen.

Wenn man den Kopf allzu voll hat, dann mag er einem auch schon mal rauchen oder man weiß nicht mehr, wo er einem steht.

Herz und Kopf machen den Menschen aus.
Kopf und Herz sind sich oft nicht einig.

Schrecken???
Ärger???

11. Was etwas ist, verstehen wir in Geschichten.

Ludwig Wittgenstein

199. Wörter gewinnen ihren Sinn im und aus dem Kontext, aus der Verwendung in Geschichten. Die Geschichte existiert nicht nur in ihrem festen Verlauf. Ihr Plot geht über diesen Verlauf hinaus. Wesentliches wird vom Unwesentlichen getrennt, aus dem Syntagmatischen ins Paradigmatische verlagert.

200. Ein Kondensat ist wie eine Vorlage für eine Reizwortgeschichte. Die affinen Satelliten sind sozusagen selbst Stichwörter, die zur Ausführung der Geschichte reizen und verführen. Ein Kondensat hat etwas von einem mentalen Skript. Allerdings können wir das Skript nicht angemessen extemporieren. Die Verführung besteht darin, in der Geschichte die Wörter prädizierend zu verwenden und jedes nur einmal zu verwenden. Improvisation ist reizvoll und sinnvoll, bringt aber nicht die volle Geschichte, nur eine individuelle Ausformung.

201. Ein semantischer Plot soll so etwas sein wie das Porträt des Wortes. Er hat eine Verwandtschaft mit einem philosophischen Essay, mit einem Besinnungsaufsatz und soll uns sagen, was das Wort für uns und in unserer Kultur bedeutet. Eine typische Geschichte kann schon aufgehen durch ein kurzes Zitat wie in der folgenden Kitschgeschichte:

> Schließlich war er Arzt und hatte als solcher die Pflicht zu helfen. An seine Liebe glaubte sie nicht mehr. Für hunderttausend Euro war wohl jeder Mensch fähig, Liebe zu heucheln. Wie mochte er wohl innerlich gelacht haben, als sie ihm ihre Liebe gestand! Sicher wartete er schon sehnsüchtig darauf, dass sie endlich für immer die Augen schloss.

Mit einem Stern könnten wir Wortgeschichten systematischer extemporieren. Der Stern liefert uns die Schlüsselwörter, die wir mit entfernteren Satelliten und der Inspektion der Belege anreichern.

202. In semantischen Darstellungen steht die Verlässlichkeit im Vordergrund. Das ist gut so. Nur, meistens werden die Darstellungen etwas trocken. Sollten sie nicht auch ein bisschen spannend und motivierend sein? Vielleicht gelingt einmal ein Mittelweg: Spannend und empirisch fundiert und mind opening.
Ein Porträt? Hier bitte.

Ich bin die Liebe.

Ich verbinde zwei Menschen temporär auf ewig. Ich vereinige, verschmelze sie: Aus zweien eins, ist meine Lebensaufgabe.
Zwischen zwei Menschen: Eine Frau und ein Mann.
Dann habe ich mich ausgedehnt: Eine Frau und eine Frau, ein Mann und ein Mann, eine Mutter und ihr Kind. Geschwisterliebe – Frauen-Liebe?
Wer hier liebt, scheint klar: Mutterliebe. Aber kann es nicht auch sein, dass sie geliebt wird? Lieben und geliebt werden gehören zusammen. Das ist klar und darum wird es auch so gefasst: Elternliebe, Bruderliebe, Frauenliebe, Gottesliebe, Knabenliebe und auch die Nächstenliebe – hoffentlich. Eher unklar: Wer ist der Liebende bei der Zigeunerliebe?
Jede Liebe baut auf Gegenliebe. Das hat Goethe gewusst und in meinem Sinne formuliert:

> Jeden, dem du selber gibst,
> Wirst du wie dich selber lieben.

Er war überhaupt einer, der so viel von mir verstanden hat.

Zwischen zweien: Ja, zwei sind eins, meine Lebensphilosophie. So wäre das Höchste die Eigenliebe oder Selbstliebe? Nein, das sehe ich nicht. Sie pervertiert die Idee der zwei.

Meine Erscheinungsformen, meine Typen haben Menschen schön in Worte gefasst. Meistens sehen wir das am Objekt der Liebe (ui, das ist eigentlich nicht meine Redeweise und nicht mein Eigenbild – so als sei der, die, das Andere kein Subjekt).
Zwischen zwei Menschen: Eine Frau und ein Mann? Ja und nein. Ich habe mich ausgedehnt. Da wären nun Blumen und Hunde, Computer und Sport, Kunst und Musik, Prunk und Natur. Und dann viel hehrer: Heimat und Vaterland, Frieden und Freiheit und gar die Weisheit. All das kann man lieben und noch viel mehr. Manche sollen sogar den Mond lieben. Und was fällt dem Vegetarier ein bei Fleischesliebe?
Aber ich bin natürlich keine gespaltene Persönlichkeit. Irgendwie multipel – und doch unik.

Zwischen zwei Menschen: Eine Frau und ein Mann?
Ich begleite Menschen durchs Leben. Trete in Phasen auf, vor allen in frühen: Jugendliebe, Teenagerliebe, Primanerliebe, Studentenliebe. Ja, man muss mich lernen und üben, denken viele.
Ich bin drinnen und gehöre hinein. Aber wie komm ich rein? Das Auge ist das Einfallstor – und dann hinab in die Herzen.
Meine Strategie ist die: Alles beginnt mit dem Verliebtsein. Ich mache die zwei verliebt. Das aber ist nur die Initialzündung, das Anfangsstadium. Wenn ich mich so warm eingenistet habe, beginnt das Langfristige. Die Kunst, mich zu erhalten. Ich initiiere gegenseitiges Lob, Wertschätzung und Verständnis. So bleibe ich lebendig. Auch kleine Geschenke, gemeinsame Unternehmungen stützen mich. Mein Liebesvokabular stelle ich immer zur Verfügung. Auch wenn es metaphorisch hergeht. Gut finde ich, wenn die Liebenden mich als Kind sehen, das gestillt werden muss. Weniger gefällt mir das Bild vom Liebestank, der gefüllt werden muss – vom Partner natürlich. Das ist mir zu unnatürlich, zu technisch. Bitte, ich rede nicht vom Liebestrank. Darüber könnte man reden. Voll der Liebe!
Ich zucke aber zusammen, wenn die beiden anfangen, **über** mich zu reden, zu diskutieren gar. Oder auch nur, wenn gesagt wird „Ich tu das alles dir zuliebe." Wer will das schon? Da wird mir mulmig. Zu oft hab ich erlebt, wie ich mich dann langsam verdrücken muss. Also besser mein genuines Vokabular und am allerbesten wortlos.
Weil ich für die Menschen so wichtig bin, verbreite ich mich seit eh und je medial. Vor allem habe ich es in die Literatur geschafft. Ich würde sagen, davon habe ich selbst viel profitiert. Denn erst dadurch bin ich zu dem geworden, was ich jetzt bin. Das begann schon früh mit der Liebeslyrik.

> Dû bist mîn, ich bin dîn.
> des solt dû gewis sîn.
> dû bist beslozzen
> in mînem herzen,
> verlorn ist das sluzzelîn:
> dû muost ouch immêr darinne sîn.

Ging dann auch hinüber ins Akustische bis zum Liebeswalzer.

Ich darf aber hier die Bibel nicht vergessen: Sie über alles hat mein Bild geprägt.
Manche denken wohl eher, ich konzentrierte mich auf das Körperliche, vielleicht den Liebesakt oder gar das Liebesdreieck. Doch zumindest eine meiner Seiten zielt auf das Geistige, auf den allliebenden Vater. Gottesliebe und Maria zu lieben scheint die christliche Ausformung. Aber ich dehne mich aus auf den Liebesgott und gar die Liebesreligion. Jeder Gottliebhaber möchte letztendlich Götterliebling werden. Und manch eine mag sogar ihre Lieblingsgottheit haben.

Ich ging weiter in anderen Dimensionen: die Liebe Gottes. Auch zu Gott. Nicht nur übertragen gedacht. Gott liebt einen Menschen? Gott liebt alle Menschen!
Die Liebe zu Gott muss nicht körperlos bleiben. Ein Mensch, insbesondere eine Frau (Gott war ja männlich), krank vor Liebe, kann Küsse mit ihm tauschen – imaginiert. Vielleicht nur ein Wunsch? „Er küsse mich mit dem Kusse seines Mundes." Kann ihr auch näherkommen: „Mein Freund ist wie ein Büschel Myrrhen, das zwischen meinen Brüsten hänget."
Vielleicht noch poetischer verschlüsselt:

> Ich habe meinen Rock ausgezogen, wie soll ich ihn wieder anziehen?
> Ich habe meine Füße gewaschen, wie soll ich sie wieder besudeln?
> Aber mein Freund steckte seine Hand durchs Riegelloch, und mein Innerstes erzitterte davor.
> Da stand ich auf, dass ich meinem Freund auftäte; meine Hände troffen von Myrrhe und meine Finger von fließender Myrrhe an dem Riegel am Schloss.

Auch so habe ich's in die Bibel geschafft.
Aber noch einmal: Ich bin nicht schizophren. Körper und Geist sind für mich nicht getrennt. Wenn manche sich schwer tun mit meiner physischen Seite – dem sinnlichen Beziehungsvergnügen –, für mich ist Beischlaf kein Beiwerk oder Nebensache. Auch hier sind zwei eins.

Ich lebe in einer riesigen Familie, einer Sippe sozusagen mit vielen Sprösslingen. Es geht also nicht nur um die Kernfamilie *lieben, lieb, Liebe*. Auch entferntere Verwandte, die aus Verbindungen mit neuem Blut entstanden und immer neu entstehen. Zugegeben, das sind auch etwas seltsame Käuze wie *Liebesröhre* und die *Liebesäpfel*, bis hin zum leicht Kränklichen: *Liebesbörse*. Oder *Gott-Liebhaber* und *Affenliebe*. Ob wir die wirklich aufnehmen sollten?
Ich zeig Ihnen einen Ausschnitt aus dem Stammbaum. Vielleicht nicht einmal der halbe Stammbaum? Aber der Kern ist vollständig.

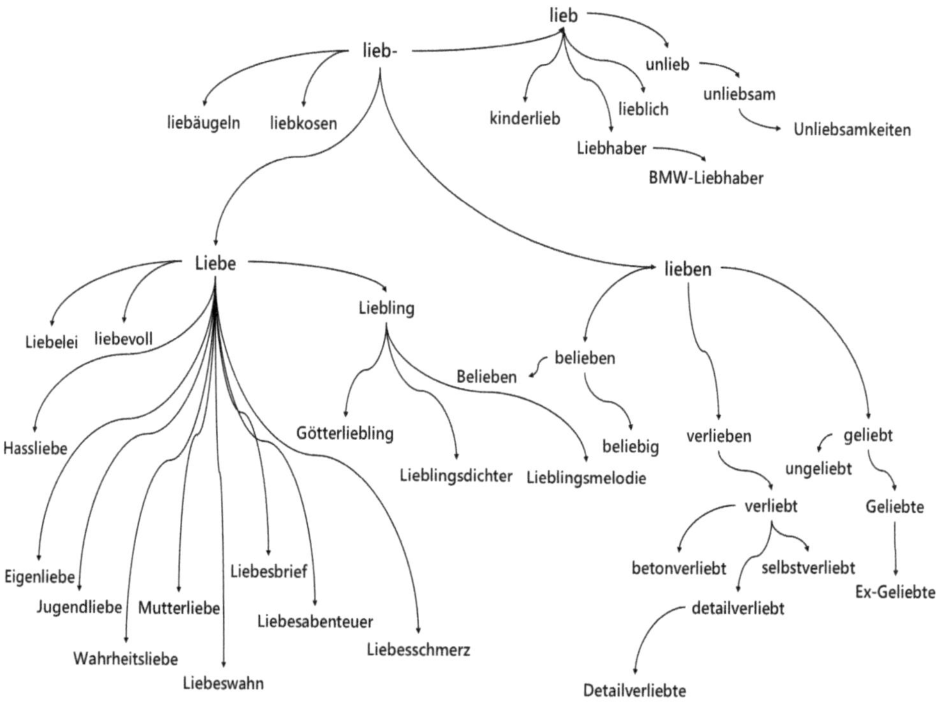

Natürlich hat meine Familie auch internationale, interkulturelle Verwandtschaft. Bei vielen wie *amore, amor, amour* sticht die Familienähnlichkeit ins Auge. Bei anderen wie *love, liefde, kärleken* oder gar *kærligheden* muss man schon genauer hinschauen. Für Kulturliebhaber zeig ich noch einige fremde aus meinem Familienalbum.

Hier erst mal die russische Verwandtschaft.

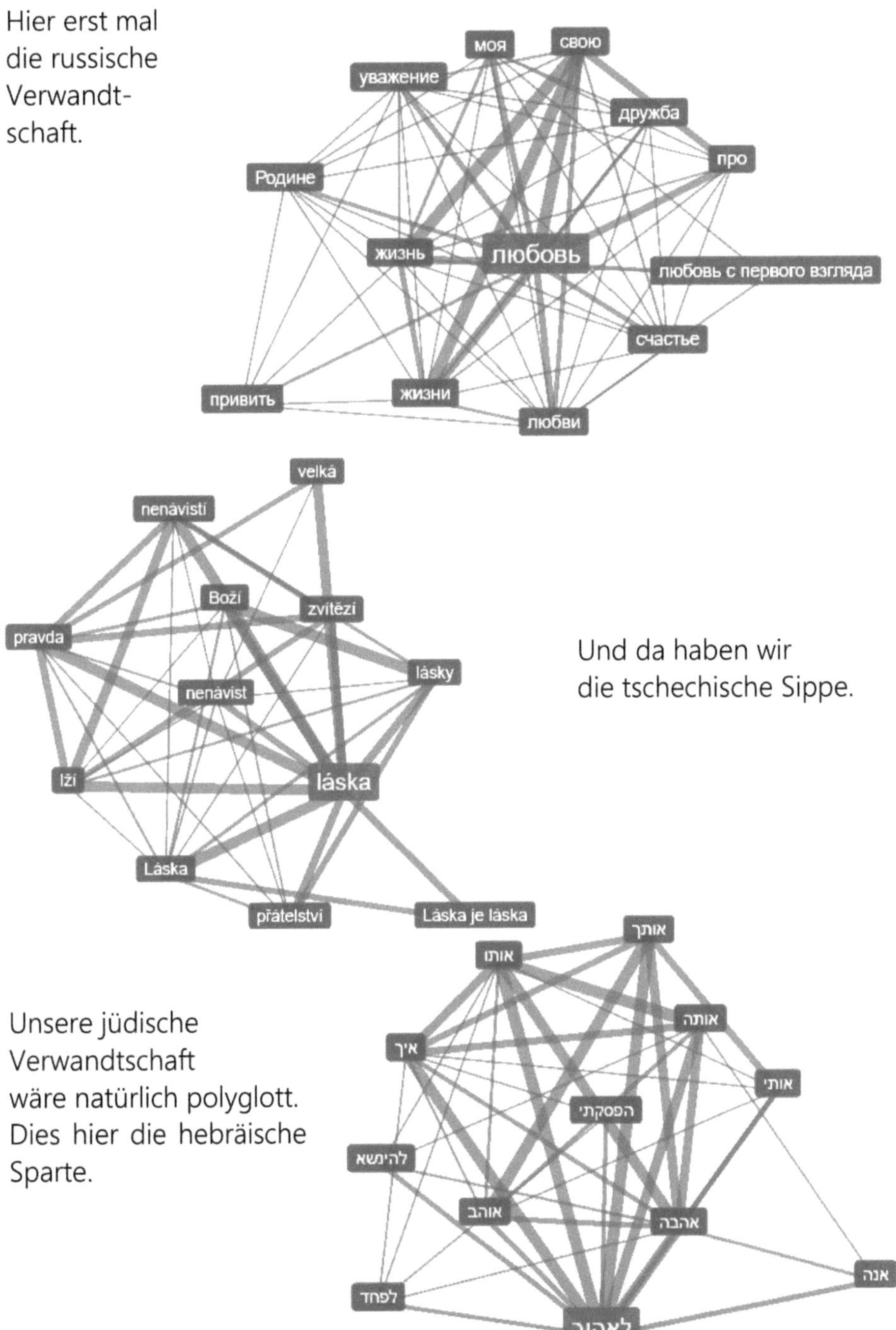

Und da haben wir die tschechische Sippe.

Unsere jüdische Verwandtschaft wäre natürlich polyglott. Dies hier die hebräische Sparte.

Hier mal
die Ungarn.

In Vietnam sieht's etwas ärmlich aus.
Wieso eigentlich? Das Korpus?

Und Esperanto
wieder richtig reich. Aber
eine reine Adoptivfamilie.

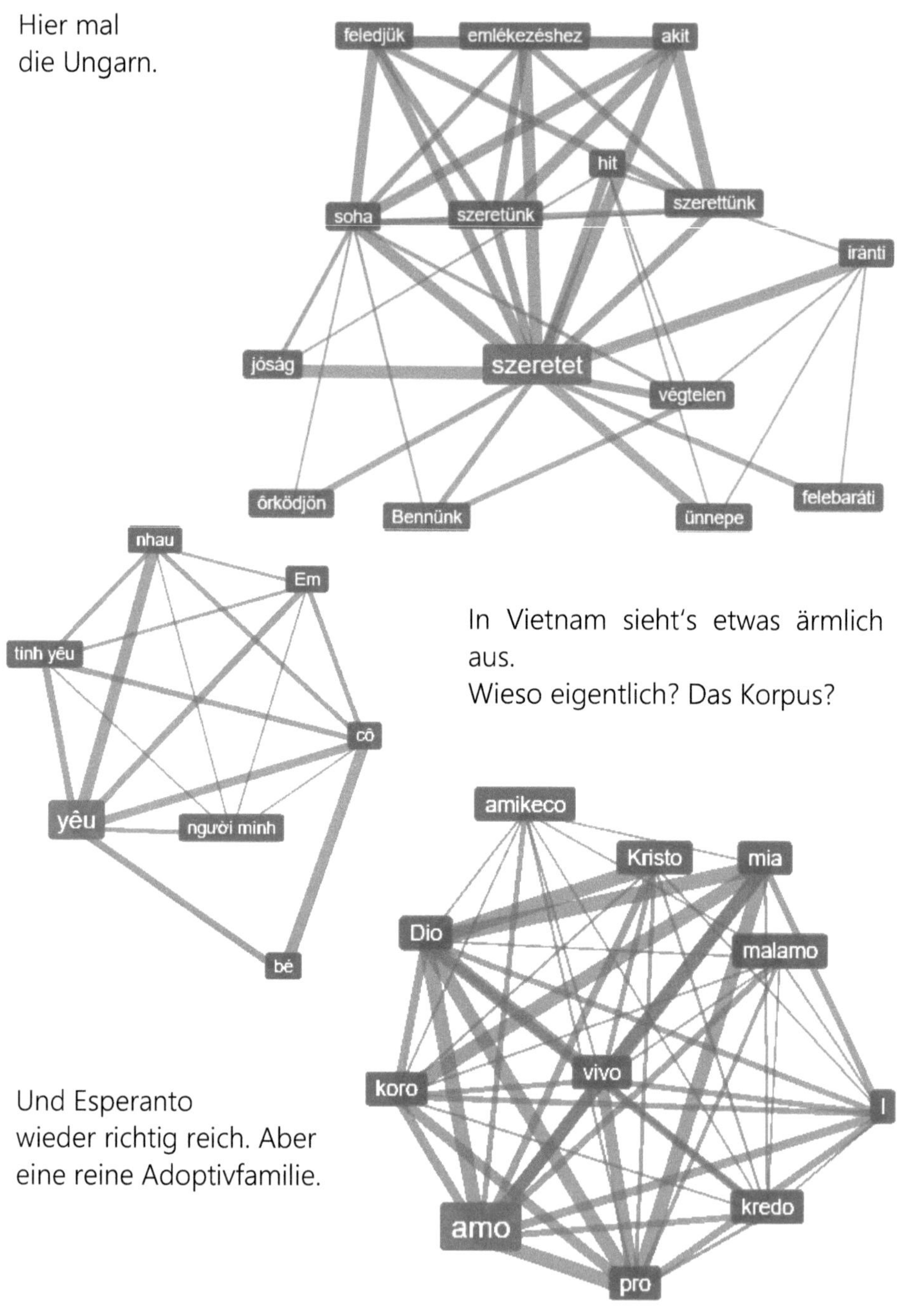

Nach wie vor scheint es den Menschen besonders wichtig, wie stark ich es schaffe, sie zu erfassen. Dazu schaffen sie dann schon mal den Beliebtheitsgrad und die Beliebtheitsskala. Da sind dann alle packenden Steigerungen möglich: Vom Höchstgeliebten zur Innigstgeliebten und Herzallerliebsten. Nicht zu sprechen von der grammatischen Steigerung in allerliebste, liebenswerteste Herzliebste.
Menschen sprechen gar von der Liebesskala (von der allerhöchsten zur zweithöchsten und so weiter, und so weiter?)
In ihrer Wertungswut übertragen sie sogar den kleinen Liebling und reden dann vom Lieblings-Sohn über die Lieblingsfrau zur Lieblingsgottheit und dem Lieblingshund. Aber auch der Lieblingsvogel und die Lieblingsblume. Medial die Lieblingsarie und der Lieblingsfilm, das Lieblingspoem und der Lieblingswitz. Ins Sprachliche: das Lieblingsidiom, der Lieblingsbegriff und das Lieblingswort, gar das Lieblingsverb. Und natürlich der Lieblingsautor.

Aus Hunderten von Lieblingssachen
Kann man sich ein dummy machen:
Inflationär: mein Lieblings-X.
Schadet das stilistisch nix?

Ich habe Verständnis für solche Übersteigerungen, aber recht gern hab ich sie nicht.

Alle Menschen sind mein Futter und Lebenselixier. Ich schleich mich in die Herzen, mache vor keinem halt. Auch Geistliche und Geistlichinnen. Aber das nehme ich hin. Ich bin ich. Ich brauche alle Menschen.

Übrigens, ich war für die Menschen so attraktiv, dass sie sogar Namen nach mir vergeben haben. Gottlieb, allemal. Aber auch Familiennamen wie Liebermann, sogar Liebling und der berühmte Liebknecht gar.

Angeregt hab ich die Menschen immerdar. Und so haben sie sich die drolligsten Sachen ausgedacht wie die Liebesgans, Lieblich-Tränenlösendes, Brüderlich-partnerschaftlich-liebendes, Lieber-ein-Werk-Verderben-und-weltunbrauchbar-Machen, Liebes-Diebesgut.
Sogar verstecken konnte ich mich in Pädophilieberatung und auch vor Rätselhaftem mache ich nicht halt: Romolochiarliebe.
Was ich gar nicht verstehe: Warum sind Menschen oft verwirrt, wenn ich über sie komme? Sie kennen sich selbst nicht mehr. Zweifel quälen sie.
Eigentlich bin ich ja positiv – durch und durch. Aber die Menschen!!! Nutzen mich schamlos aus.
Nichts ist den Menschen heilig. Sie schämen sich nicht, mich zu Markte zu tragen.
Sie bringen es bis zu Liebeskontaktbörsen und Liebesunternehmerinnen.
Da gibt es dann die Liebesshow und die Liebessklaven, auch Liebeshexen und den Liebesimperialismus.
Da geht es um Keuchliebe, um Liebesknochen und Liebesmatsch.

Eines hat mir mein Leben lang leid getan. Ich bin doch eigentlich jemand, der Freude und Lust bringt. Aber viele Menschen kommen damit nicht klar. Ihnen bringt ihre Liebe Leid und Schmerzen gar.
Liebesgeschichten und ihr Reiz mögen ganz unterschiedlich verlaufen. Es gelingt mir schon mal, Menschen in ihrer Leidenschaft weit zu treiben. Von der Trunkenheit zum Rausch bis zur Ekstase und Raserei reichen Liebesfuror und Liebestaumel.
Mit dem Liebes-Wahn bin ich unsicher. Imaginierte Liebe ist jedenfalls nicht mein Ding.

Eigentlich bin ich ja positiv. Aber leider kommt es auch schon zu bloßen Liebesaffären oder Abenteuern. Das kann ich leider nicht verhindern.
Ebenso wenig Verstellung und Auslutschen meiner Kraft in schierer Liebedienerei.
Hingegen glaube ich, dass Liebesleid und Liebeskummer die Liebe vertiefen. Vielleicht auch die Liebesnot.
Nicht ganz ok und von mir nicht zu verhindern ist das Liebesgerangel. Es gehört wohl in jedem Sinne dazu. Wenn es allerdings ausartet zur Liebesintrige oder zu Liebesverrat, dann bitte ich, nicht mich verantwortlich zu machen. Nicht alles, was unter mir firmiert ist echt, echte Liebe.
Eigentlich bin ich ja ewig.
Das lass ich mir ungern ankratzen. So habe ich natürlich größte Reserven gegen Liebelei. Und erst recht gegen Liebesaffären oder gegen Abenteuer.

Natürlich habe ich auch Feinde. Mein größter ist der Hass.
Es gibt aber auch kleinere Unliebsamkeiten. Vor allem Abscheu.
Bis hin zum Beliebigen: *allbeliebte* und *Allverliebtheit*. Und zum Liebestöter? Die Feinrippliebestöter gehören nicht unbedingt hierher.
Aber ich überwinde alles, und sei es durch Inkorporation: Hassliebe.

In frühen Jahren hatte ich eine Konkurrentin: meine Halbschwester, die minne. Sie wurde geadelt als frouwe minne. Sie war vergeistigt, zu geistig. Ich vereine beides: Geist und Körper. Diese Mischung machte mich realistisch und überlebensfähig.
Als ich schon mehr als 1000 Jahre alt war, bekam ich einen kleinen Bruder, den Eros. Er war und blieb etwas schwächlich und vergeistigt (bis blutleer?). Nur wenn man genau hinschaut, sieht man die Familienähnlichkeiten.
Irgendwie schien er mir doch immer sehr verbal, manche sagen auch verklemmt. Aber immerhin hat er zu viel erotischer Poesie inspiriert. Selbstverständlich gebiert Verbalismus auch Verbalismus.

Wenn ich nun so zurückschaue, erkenne ich: Mein Leben lang wurde an mir rumerzogen. Vor allem meine Zweiseitigkeit verstörte. Ich sollte rein geistig sein oder werden. Ja, und weil damals der Geist noch nicht abgetrennt war, ging es immer auch um die Seelenliebe. Meine Vielfalt war ein bisschen mein Lebensproblem. Alle wollten mich für sich und etwas einfacher und einseitiger.

Was mir auch immer weh getan hat, war, dass ich nicht mehr als Einheit, als eine Person gesehen wurde. Daran haben vor allem die Wörterbuchmacher mitgewirkt, die mich zerlegen wollten und zerlegt haben.

12. I'll teach you differences.

William Shakespeare

203. Mit der Gewinnung und der Grundlage von syntagmatischen Mustern, von Chunks und n-grammen sollten die Zeiten des isolierten Vokabellernens vorbei sein. Wie aber kann man effektiv in Kontexten lernen? Und welche Kontexte wählt man hierzu?
Synonymen-Cluster und syntagmatische Muster oder Chunks können als neuartiges Lernmaterial für Deutsch und für Deutsch als Fremdsprache genutzt werden. Es eignet sich in erster Linie für Lehrer und Lehrerlehrer. Auf eine weitergehende Didaktisierung verzichte ich hier. Ich möchte ein kleines Sample aus unserem Feld bieten, das Lehrer auch als Exempel und Anregung verwenden könnten.
Die Neuartigkeit besteht in zweierlei:

- die Idee des Lernens mit Chunks
- die empirische Fundierung des sprachlichen Lernmaterials

204. Das Grundproblem des Sprachlerners ist: Wie kann ich aus einer begrenzten Anzahl von Sprachverwendungen gültige Verallgemeinerungen gewinnen?
Das Grundproblem des Sprachlehrers ist: Wie gestalte ich den Input, damit Lerner möglichst effektiv ihre Verallgemeinerungen gewinnen? Dies gilt für den Erwerb der Muttersprache wie für den Erwerb einer Fremdsprache.

205. Wie sehen die Verallgemeinerungen des Lerners aus? Haben sie die Form grammatischer Strukturen und semantischer Regeln, die Lerner unbewusst lernen und befolgen? Didaktisch verwunderlich, wie Lerner mit unverständlichen, gar falschen Regelformulierungen und schrägen Bedeutungsangaben lernen konnten. Förderlich werden solche Formulierungen nicht in jedem Sinne sein.
Die CCDB-Tools gestatten uns auf jeden Fall, wichtige Aspekte der Bedeutung von Wörtern zu fassen. Wie die Bedeutung eigentlich aussieht, weiß niemand. Es gibt bestenfalls eine theorie-imprägnierte Idee oder traditionsgefütterte Intuition.

206. Ich begnüge mich mit Ausschnitten aus der Distribution und vertraue darauf, dass Ähnlichkeiten und Unterschiede sichtbar werden. Sie werden sichtbar mit der intuitiven Sprachkompetenz und sind darum für didaktische Zwecke geeignet. Eine Art natürliches Lehrmaterial.
Die vorletzte Frage bleibt: Wo lässt man die Automatik enden und wo lässt man das nutzerorientierte Material beginnen? Immer sollte es enden mit Ergebnissen,

- die Deutungen zugänglich sind,
- die für praktische Zwecke geeignet scheinen.

Die letzte Frage bleibt immer: Wie verlässlich und wie begründet sind die linguistischen Deutungen? Es zeugt ja nicht gerade von methodischem Bewusstsein, wenn man Cluster von Distributionen mit ontologisierenden Termini benennt wie „Emotionen", „Wetter" oder „äußere und innere menschliche Eigenschaften" (Marková 2012, 50). Letzten Endes sollte man sich auch vor Behauptungen hüten wie, mit dieser Methode gelinge es, Bedeutungen adäquat darzustellen. Denn damit würde man ein Maß voraussetzen, das man nicht expliziert und das es nicht gibt. So kommt man erkenntnistheoretisch nicht raus. Was zählt, ist, ob eine Untersuchung und ihre Ergebnisse brauchbar sind und sich bewähren.

207. Lerner picken sich aus dem Rezipierten selbst Chunks heraus und speichern sie. Hierbei wären zwei Arten des Chunking zu unterscheiden:

- ein unbewusster, automatischer Prozess, den Lerner immer schon vollziehen,
- eine methodisch kontrollierte Operation mit gesetzten Zielen.

208. Wenn Lerner immer schon Chunks bilden, ist die Frage: Wie tun sie das? Man kann annehmen, dass sie sich in der Kommunikation für sie Auffälliges oder für sie Nachahmenswertes merken. Wollte man sich das methodisch zunutze machen, könnte man diese natürlichen Chunking-Fähigkeiten individuell weiter trainieren. Man könnte aber auch an eine Generalisierung denken und intersubjektive Chunks auf Vorrat erzeugen. Empirische Basis hierfür wären große Korpora und geeignete Extraktionsmethoden.

209. Die kontrollierten Extraktionsmethoden müssen wiederkehrende Textstrukturen erzeugen. Ziel einer solchen Extraktion sind nicht einfach formelhafte Wendungen wie Mehrwortwörter, Kollokationen, Routineformeln, die in der Sprachlehre schon lange eine Rolle spielen. Vielmehr geht es um Muster für jedes einzelne Wort mit Slots, in die weitere Ausdrücke vom Lerner eingesetzt werden könnten. So bleiben Chunks nicht rezeptiv, sondern werden zur Stütze der Produktion. Und so könnte sich zeigen, dass didaktisch intendierte, erfundene Beispiele gegen diese empirisch fundierten nicht ankommen.

210. Dies bildet ein Gegenmodell zum explizit regelbasierten Lernen, nicht aber zu der menschlichen Sprachfähigkeit überhaupt. Sie wird bei jedem Sprachlernen ihre Rolle spielen; im Detail geht es aber um mehr. Hinzu kommt immer das direkte Lernen am Beispiel oder an Ernstvorkommen, die vom Lerner zu Beispielen gemacht werden. Es ist musterorientiert. „A language user has available to him or her a large number of semi-preconstructed phrases that constitute single choices, even though they might appear to be analysable into segments. To some extent this may reflect the recurrence of similar situations in human affairs; it may illustrate a natural tendency to economy of effort" (Sinclair 1991, 110). Manche sprechen hier auch von induktivem Lernen oder implizitem Lernen. Mit Mustern lernen funktioniert natürlich analogisch. Lerner schließen: So wie hier, so auch da. Aber sollten die Muster nicht didaktisch präpariert werden? Wie viel Strukturierung brauchen Lerner und von welcher Art?

211. Meine zweite These: Die syntagmatischen Muster sind als Chunks für Lerner zu verwenden. Wir nutzen didaktisch die CCDB-Basis darum nicht bis zum Letzten, sondern nur für die Distribution eines Wortes, also die Menge aller syntagmatischen Muster. Mit dieser Gleichsetzung haben wir eine wohldefinierte, für didaktische Zwecke valide und reliable Festlegung getroffen.
In diesen Chunks haben wir keinerlei Artefakte einer Beschreibungssprache. Wir bleiben oberflächennah, verlangen vom Lerner keinerlei Kategorisierungen, vertrauen auf seine natürlichen Analysefähigkeiten.

212. Hier nun Chunks für *Liebe*. Mit den frequentesten fängt es thematisch leider nicht so gut an.

von Liebe [und] Tod
In Liebe und Dankbarkeit gedenken wir Deiner|deiner
In tiefer Trauer [. . .] Liebe [und] Dankbarkeit nehmen wir

Man wird sich erst spät dessen bewusst – zu spät?

die erste [. . .] große [. . .] Liebe
die große [. . .] Liebe
Verbotene [. . .] Liebe
Es war Liebe auf den ersten Blick
von der großen Liebe träumt

Dies nun aber der frühe Traum:
Sie kommt nicht allein und von allein:

die Sehnsucht nach Liebe und Geborgenheit und . . .
Liebe und Freundschaft und

Schon poetisiert und alliteriert:

Liebe, Lust und Leidenschaft
Liebe, Leid und Leidenschaft
von Liebe, Lust und Leid

Realistischer?

Liebe, Sex und Partnerschaft

Und hier lauern die Gefahren:

und von Liebe und Hass und Eifersucht und . . .
unerfüllte Sehnsucht nach Liebe
werden die Hoffnung auf wahre Liebe verlieren
Liebe und Leidenschaft und Eifersucht und . . .

Und hier der Übergang:

von Liebe und Tod
die ewige Liebe Gottes
die Liebe Gottes
Glaube, Liebe, Hoffnung

Darum genießen:

Weihnachten das Fest der Liebe und der Familie

Immer im Bewusstsein: Wahre Liebe siegt.

213. Eine weitere didaktische Anwendung der CCDB-Produkte bleibt in unserem Feld der Liebe. Nun geht es darum, verwandte Wörter über Chunks zu üben. Es geht um Wörter aus dem nahen Umfeld von *Liebe* (manche würden von Synonymen sprechen) und dem zentralen Verb *lieben*.

Liebe

Gefühle . . . Liebe . . . Zuneigung . . . Respekt
seiner großen Liebe . . .
. . . meine erste Liebe
eine [. . .] unerwiderte Liebe
mit viel Liebe [. . .] zum [. . .] Detail
aus enttäuschter [. . .] Liebe
mit der käuflichen [. . .] Liebe
Die Liebe zu den drei Orangen
ihre Liebe zueinander [. . .] entdeckt
Seine besondere Liebe [aber] galt der . . .
In [. . .] Liebe [und Dankbarkeit] gedenken wir Deiner
Es war Liebe auf den ersten Blick
von Kopf bis Fuß auf [. . .] Liebe eingestellt
Die Liebe ist ein seltsames Spiel . . .
Wo die Liebe [. . .] hinfällt
bete an die Macht der Liebe

Zuneigung

Wärme Zuneigung und Wertschätzung
Gefühle von Liebe [und] Zuneigung
mit herzlicher Zuneigung
echte [. . .] Zuneigung
eine zärtliche [. . .] Zuneigung zu
die mütterliche [. . .] Zuneigung und . . .
von [. . .] gegenseitiger [. . .] Zuneigung [. . .] geprägt
die ungeteilte [. . .] Zuneigung der
Zuneigung [die ...] füreinander empfinden
Liebe und Zuneigung schenkt
entdecken Julien und Sophie ihre Zuneigung zueinander
verbindet [. . .] eine tiefe Zuneigung
eine [. . .] große Zuneigung [. . .] hegen
Seine [große] Zuneigung [galt und] gilt . . . den
Meine [ganz ...] Zuneigung gehört

Sympathie

persönliche Sympathien und Antipathien
unsere ganze [. . .] Sympathie und
Bei aller Sympathie . . . und trotz
aus reiner Sympathie
spontane Sympathie . . . die
auf eine|einer Woge der Sympathie
Bei [. . .] aller [. . .] Sympathie für die
sehr viel Sympathie entgegengebracht
alle Sympathien [. . .] verspielt
fast alle Sympathien [. . .] verscherzt
sind|waren die|Die Sympathien [in ...] eindeutig verteilt
haben|hat meine volle Sympathie
ihr die Sympathien [. . . nur so] zufliegen
Ich hege [. . .] große [. . .] Sympathien für die
tiefe Sympathie [. . .] empfindet
Seine [. . .] Sympathie [. . .] gehört den

Leidenschaft

Liebe [. . .] Lust [und] Leidenschaft
meine ganz große Leidenschaft
Leidenschaft fürs Theater
Macht der Leidenschaft
eine glühende [. . .] Leidenschaft
Eine unbändige Leidenschaft
Ausdruck [. . .] menschlicher Leidenschaften
eine ganz besondere [. . .] Leidenschaft
Voller [. . . und] Leidenschaft und . . .
mit wilder [. . .] Leidenschaft und . . .
mit . . . großer Leidenschaft gespielt
Seine [. . .] Leidenschaft [für die ...] entdeckte
Kochen ist meine [. . .] Leidenschaft
Ihre [. . .] Leidenschaft [. . .] gilt der|dem . . .
ist pure [. . .] Leidenschaft

lieben

Ich [. . .] liebe [. . .] dich
und sagt [. . .] Ich liebe dich und
Fans lieben ihn weil
Ich liebe [. . .] euch doch alle
Keiner liebt mich
Man kann ihn nur lieben [oder] hassen
innig geliebt und gehasst
Er [. . .] liebt seine [. . .] Musik
kennen und lieben [. . .] gelernt
einander . . . lieben lernen . . .
Man [. . .] liebt und neckt sich
Wenn [Frauen jüngere] Männer [zu sehr] lieben
Wen [die] Götter lieben den . . .
ich lernte die Bombe zu lieben
Der Spion der mich liebte 1977 . . .
Du sollst deinen Nächsten lieben wie dich

mögen

ich mag dich [wie] du bist . . .
Manche [. . .] mögen
die [. . .] Leute [. . .] mögen das
sie mag [. . .] ihn
Mancher [. . .] mag sich selbst . . .
gar nicht missen mögen
Wer's [. . .] lieber [. . . ruhiger] mag
Ich mag [. . .] es [nicht] wenn
Wer [. . .] mitmachen möchte [. . .] kann sich an|beim
ich möchte [. . .] gern [. . .] mal
Wer gewinnen [. . .] möchte . . . sollte
mag [. . .] niemand so recht
am liebsten gar nicht mehr . . . möchte
nicht verzichten [. . .] möchte
Wir möchten Sie . . . bitten

verehren

liebt . . . verehrt . . . weil sie
fast [. . .] kultisch verehrt wurden
geradezu abgöttisch verehrt
als Schutzheiliger [. . .] verehrt
als [. . .] Held [. . .] verehrt wird
Heimat ein Volksheld . . . verehren
verehrt [und] begehrt
Sie verehrt [und ...] vergöttert und
seines verehrten Meisters
Meine sehr verehrten [. . .] Damen und Herren
verehrte Anwesende
jenes höhere Wesen das wir verehren.

begehren

Frauen begehren Selbstbestimmung
und . . . eine [. . .] begehrte Delikatesse
Heiß begehrt [. . .] waren auch|die
vor allem bei Sammlern [. . .] begehrt
Besonders [. . .] begehrt [sind ...] bei den . . .
einen [der] begehrten Plätze zu ergattern
einen der begehrten Ausbildungsplätze zu ergattern
in besonders begehrten [. . .] Berufen
Den begehrten Orden erhielten
Was das Herz [. . .] begehrt . . .
was das Radlerherz begehrt
was das Schülerherz begehrt
was das Fan-Herz begehrt
nun endlich eine der begehrten Trophäen in Empfang nehmen
Gebot Du sollst nicht begehren [. . .] deines Nächsten Weib

214. Zum Schluss noch ein anderes Lernmaterial, das aus einem Korpus erzeugt wurde. Es geht um die n-gram-Methode, die auch für automatische Übersetzungen verwendet wird. Hier wird ein Korpus zerlegt in Ketten der Länge n. Meist geht es um tri-gramme, in unserem Beispiel hier um tetra-gramme.
Mit der Methode werden Ketten von Wörtern gebildet: w1_w2_w3_w4, w2_w3_w4_w5, w3_w4_w5_w6 usw. Satzzeichen werden dabei getilgt. Wenn das ganze Korpus zerlegt ist, werden Ketten herausgefiltert, die das Stichwort – hier *Liebe* – enthalten. Dieses Kleinkorpus wird sortiert nach Frequenz. Die frequentesten Ketten werden als typisch angesehen. Im Gegensatz zu den Chunks ist hier nichts ausgefiltert und es gibt damit auch keine Lücken, die zur eigenen Füllung anregen.

Liebe_übers_Jahr_entstanden
viel_Liebe_übers_Jahr
Liebe_zwischen_ihnen_entwickeln
eine_echte_Liebe_zwischen
Liebe_zwischen_ihr_und
mit_viel_Liebe_übers
Liebe_und_Verantwortung_gegenüber
verglichen_ihre_Liebe_zum
der_großen_Liebe_zwischen
echte_Liebe_zwischen_ihnen
ihre_Liebe_zum_Vater
Verlust_der_Liebe_und
um_die_Liebe_vergleichen
Liebe_tun_Am_Beispiel
ihre_Liebe_nie_deutlich
zwischen_der_Liebe_zu
seine_Liebe_zur_Musik
Liebe_zum_Vater_

Liebe_zum_Vater_mit
Alles_mit_Liebe_tun
Liebe_zur_Natur_und
der_Liebe_zu_ihren
von_Liebe_und_Tod
zu_seiner_Liebe_zur
Liebe_und_das_Zunehmen
Unsere_Liebe_Frau_An
wie_die_Liebe_zur
Liebe_zu_ihren_bitterarmen
Liebe_zusammen_und_macht
Liebe_zu_grosse_Hoffnungen
Liebe_zum_Nächsten_in
Liebe_und_Toleranz_zeigen
Liebe_und_Aufwand_wurde
Liebe_und_nicht_Geld
Liebe_und_Magie_ist

Literatur

Abel, Andrea/ Zanin, Renata (Hgg.) (2011): Korpora in Lehre und Forschung. Bozen

Aitchison, Jean ([4]2014): Words in the mind: an introduction to the mental lexicon. Cambridge

Austin, John L. (1972): Zur Theorie der Sprechakte. (How to do things with Words.) Stuttgart (zuerst 1962)

Bardoel, Thomas (2012): Comparing n-gram frequency distributions. Explorative research on the discriminative power of n-gram frequencies in newswire corpora. Tilburg

Barsalou, Lawrence W. (1992): Frames, concepts, and conceptual fields. In: Lehrer Adrienne/ Kittay, Eva. F. (Hgg.): Frames Fields and Contrasts. Hillsdale, N.J.

Bazell, Charles E. (1966): Linguistic Typology. In: Strevens, P. D. (Hg.): Five Inaugural Lectures. Oxford

Beißwenger, Michael (2018): Internetbasierte Kommunikation und Korpuslinguistik. Repräsentation basaler Interaktionsformate in TEI. In: Lobin/ Schneider/ Witt (Hgg.)

Belica, Cyril (2001–2007): Kookkurrenzdatenbank CCDB. Eine korpuslinguistische Denk- und Experimentierplattform für die Erforschung und theoretische Begründung von systemisch-strukturellen Eigenschaften von Kohäsionsrelationen zwischen den Konstituenten des Sprachgebrauchs. Institut für Deutsche Sprache, Mannheim. http:// corpora.ids-mannheim.de/ ccdb/

Belica, Cyril (2011): Semantische Nähe als Ähnlichkeit von Kookkurrenzprofilen. In: Abel/ Zanin (Hgg.): Korpora in Lehre und Forschung. Bozen, 155-178

Belica, Cyril/ Keibel, Holger/ Kupietz, Marc/ Perkuhn, Rainer/ Vachková, Marie (2010): Putting corpora into perspective. Rethinking synchronicity in corpus linguistics. In: Mahlberg, Michaela/ González-Díaz, Victorina/ Smith, Catherine (Hgg.): Proceedings of the Corpus Linguistics Conference 2009

Benveniste, Emile (1954): Problèmes sémantiques de la reconstruction. In: Word 10, 251-264

Bergenholtz, Henning (2016): Eine Korpusanalyse ist eine überflüssige Zeremonie. In: Schierholz, Stefan J./ Gouws, Rufus Hjalmar/ Hollós, Zita/ Wolski, Werner (Hgg.): Wörterbuchforschung und Lexikographie. Berlin, 155-168

Brekle, Herbert E. (1972): Semantik. München.

Bubenhofer, Noah (2008): Diskurse berechnen? In: Warnke/ Spitzmüller (Hgg.), 407-434

Busse, Dietrich (2009): Semantik. Paderborn

Clahsen, Harald/ Felser, Claudia (2006): Continuity and shallow structures in language processing. In: Applied Psycholinguistics 27, 107-126

Coleman, Linda/ Kay, Paul (1981) Prototype Semantics: The English Word Lie. In: Language 57, 26-44

Cruse, D. Alan (1986): Lexical Semantics. Cambridge

Cruse, D. Alan ([3]2011): An Introduction to Semantics and Pragmatics. Oxford

Dreyer, Markus (2002): Kombiniertes transformations-basiertes Lernen erweiterter Chunks. Vortrag bei KONVENS

Duden (2015): Deutsches Universalwörterbuch. Mannheim

Ellis, Nick (1996): Sequencing in SLA. Phonological memory, chunking, and points of order. In: Studies in Second Language Acquisition 18, 91-126

Eichinger, Ludwig (2018): Warum Frühling? In: Sprachreport 10-15

Emerson, Guy Edward (2018): Functional Distributional Semantics. Learning Linguistically Informed Representations from a Precisely Annotated Corpus. Diss. Cambridge

Ernst, Oliver/ Freienstein, Jan C./ Schaipp, Lina (2011): Populäre Irrtümer über Sprache. Stuttgart

Fillmore, Charles J. (1976): Frame semantics and the nature of language. In: Steven R. Harnad/ Horst D. Steklis/ Jane Lancaster (Hgg.): Origins and Evolution of Language and Speech. New York, 20-32

Fillmore, Charles J. (1982): Frame Semantics. In: The Linguistic Society of Korea (Hg.): Linguistics in The Morning Calm. Seoul, 111-137

Firth, John R. (1957): Modes of meaning. In: Papers in Linguistics 1934-51. Oxford, 190–215

Firth, John R. (1968): Selected Papers of J. R. Firth 1952-59. London

Freienstein, Jan C./ Hagemann, Jörg/ Staffeldt, Sven (Hgg.) (2011): Äußern und Bedeuten. Festschrift für Eckard Rolf. Tübingen

Gobet, Fernand/ Lane, Peter C. R./ Croker, Steve/ Cheng, Peter C-H./ Jones, Gary/ Oliver, Iain/ Pine, Julian M. (2001): Chunking mechanisms in human learning. In: Trends in Cognitive Sciences 5, Issue 6, 236-243

Gries, Stefan Th. (2006): Corpus-based methods and cognitive semantics: The many senses of to run. In: Gries, Stefan Th./ Stefanowitsch, Anatol (Hgg.), Corpora in Cognitive Linguistics. Corpus-Based Approaches to Syntax and Lexis. Berlin/ New York, 57–100

Götz, Dieter (1976): Textbezogenes Lernen: Aspekte des Fremdspracherwerbs fortgeschrittener Lernender. In: Die Neueren Sprachen, 471-484

Götz, Dieter (2011): Chunks and the effective learner – a few remarks concerning foreign language teaching and lexicography. In: Herbst, Thomas/ Faulhaber, Susen/ Uhrig, Peter (Hgg.): The Phraseological View of Language. A Tribute to John Sinclair. Berlin/ Boston, 147 – 158

Habscheid, Stephan (2009): Text und Diskurs. Paderborn

Handwerker, Brigitte/ Madlener, Karin (2009): Chunks für DaF. Hohengehren

Hanks, Patrick (2013): Lexical Analysis: Norms and Exploitations. Cambridge, MA

Harris, Zellig S. (1952): Discourse Analysis. In: Language 28, 1-30

Harris, Zellig S. (1954): Distributional Structure. In: Word 10, 146-162

Harris, Zellig S. (1969): Structural Linguistics. 8. Aufl. Chicago/ London

Harris, Zellig S. (1970): Distributional Structure. In: Papers in Structural and Transformational Linguistics. Formal Linguistic Series, Vol. 1. Dordrecht, 775-794

Hausmann, Franz Josef (1993): Ist der deutsche Wortschatz lernbar? In: Info DaF 20, 471-485

Heringer, Hans Jürgen (1981): Die Unentscheidbarkeit der Ambiguität. In: Geckeler, Horst (Hg.): Logos Semantikos. Studia linguistica in honorem Eugenio Coseriu. Berlin, 93-126

Heringer, Hans Jürgen (1999): Das höchste der Gefühle. Empirische Studien zur distributiven Semantik. Tübingen

Heringer, Hans Jürgen (2011): Auf der Suche nach dem Diskurs. In: Freienstein/ Hagemann/ Staffeldt (Hgg.), 65-74

Heringer, Hans Jürgen (2018): Le chunking comme méthode en sémantique. In: Cahiers de Lexicologie, 112, 133-155

Hjelmslev, Louis (1954): La stratification du langage. In: Word 10, 163-188

Hjelmslev, Louis (1958): Dans quelle mesure les significations des mots peuvent-elles être considérées comme formant une structure? In: Proceedings of the Eighth International Congress of Linguists. Oslo, 736-654

Hjelmslev, Louis (1970): The Content Form of Language as a Social Factor (1953). In: Essais linguistiques. 2. Aufl. Copenhague, 89-95

Kleiber, Georges ([2]1998): Prototypensemantik. Eine Einführung. Tübingen

Klosa, Annette/ Kupietz, Marc/ Lüngen, Harald (2012): Zum Nutzen von Korpusauszeichnungen für die Lexikographie. In: Lexicographica 28, 71-97

Konopka, Marek/ Schneider, Roman (Hgg.) (2012): Grammatische Stolpersteine digital. Mannheim

Kövecses, Zoltán/ Csábi, Szilvia. (2014): Lexicography and cognitive linguistics. Revista Española de Lingüística Aplicada 27(1), 118–139

Kupietz, Marc/ Schmidt, Thomas (Hgg.) (2018): Korpuslinguistik. Germanistische Sprachwissenschaft um 2020. Berlin/ New York

Lakoff, George/ Johnson, Mark (1980): Metaphors we live by. Chicago. (Dt.: Leben in Metaphern. Konstruktion und Gebrauch von Sprachbildern. Heidelberg 2004)

Lapesa, Gabriella/ Kawaletz, Lea/ Plag, Ingo/ Andreou, Marios/ Kisselew, Max/ Padó, Sebastian (2018): Disambiguation of newly derived nominalizations in context: A Distributional Semantics approach. In: Word Structure 11.3, 277–312

Lemnitzer, Lothar/ Zinsmeister, Heike (2006): Korpuslinguistik: Eine Einführung. Tübingen

Levinson, Stephen C. (2000): Presumptive Meaning. Cambridge, MA

Lew, Robert (2007): Linguistic semantics and lexicography: A troubled relationship. In: Fabiszak, Malgorzata (Hg.), Language and Meaning. Cognitive and Functional Perpectives, 217–224. Frankfurt/ M.

Lobin, Henning/ Schneider, Roman/ Witt, Andreas (Hgg.) (2018): Digitale Infrastrukturen für die germanistische Forschung. Germanistische Sprachwissenschaft um 2020. Berlin/ New York

Löbner, Sebastian (2003): Semantik. Eine Einführung Berlin/ New York

Löbner, Sebastian (^{2}2013): Understanding semantics. London

Lyons, John (1980): Semantik. 2 Bände. München

Lüdeling, Anke/ Kytö, Merja (Hgg.) (2009): Corpus Linguistics: An International Handbook, Bd. 2. Berlin/ NewYork

Mirková, Vera (2012): Synonyme unter dem Mikroskop. Eine korpuslinguistische Studie. Tübingen

Müller-Spitzer, Carolin (Hg.). (2014): Using Online Dictionaries. Berlin/ New York

Nguyen, Kim Anh/ Schulte im Walde, Sabine /Thang Vu, Ngoc (2017): Distinguishing Antonyms and Synonyms in a Pattern-based Neural Network. In: Proceedings of the 15th Conference of the European Chapter of the Association for Computational Linguistics (http://www.schulteimwalde.de/publications-year.html)

Pafel, Jürgen/ Reich, Ingo (2016): Einführung in die Semantik: Grundlagen – Analysen – Theorien. Stuttgart

Perkuhn, Rainer/ Keibel, Holger/ Kupietz, Marc (2012): Korpuslinguistik. Paderborn

Pinker, Stephen (1979): Formal models of language learning. In: Cognition 7, 217-283

Putnam, Hilary (1978): Meaning, Reference and Stereotypes. In: F. Guenthner/ M. Guenthner-Reutter (Hgg.): Meaning and Translation. London, 61 – 81.

Putnam, Hilary (1979): Die Bedeutung von „Bedeutung". Frankfurt/ M.

Rosch, Eleanor (1975): Cognitive Representations of Semantic Categories. In: Journal of Experimental Psychology 104, 192 – 233

Rosch, Eleanor (1978): Principles of Categorization. In: Rosch, Eleanor/ Lloyd, Barabra (Hgg.): Cognition and Categorization. Hillsdale, 27 – 48

Saussure, Ferdinand de (2014): Cours de linguistique générale. Wunderli, Peter (Hg.). Tübingen (Zuerst 1916)

Schank, Roger (1982): Dynamic Memory. Cambridge

Schneider, Roman (2019): Mehrfach annotierteTextkorpora. Strukturierte Speicherung und Abfrage. Tübingen

Scherer, Carmen (2006): Korpuslinguistik. Heidelberg

Schwarz-Friesel, Monika/ Chur, Jeanette (2014): Semantik: Ein Arbeitsbuch. Tübingen

Searle, John R. (1971): Sprechakte. Ein sprachphilosophischer Essay. Frankfurt/ M.

Sinclair, John M. (1987): Collocation: A progress report. In: Steele, Ross/ Threadgold, Terry (Hgg.): Language Topics. Essays in Honour of Michael Halliday, Vol. 2. Amsterdam, 319-331

Sinclair, John M. (1991): Corpus, Concordance, Collocation. Oxford

Sinclair, John M. (1992): Trust the Text. In: Davies, Martin/ Ravelli, Luise (Hgg.): Advances in Systemic Linguistics. Recent Theory and Practice. London/ New York, 5-19

Staffeldt, Sven (2011): „Ich liebe dich" sprechakttheoretisch. In: Freienstein/ Hagemann/ Staffeldt (Hgg.), 179-196

Storjohann, Petra (2015): Was ist der Unterschied zwischen sensitiv und sensibel? Zeitschrift für Angewandte Linguistik 62, 99–122

Storjohann, Petra (2017: Cognitive descriptions in a corpus-based dictionary of German paronyms. In: Yearbook of the German cognitive linguistics association (2017), 5, 107-118

Strawson, Peter F. (1971): Meaning and Truth. In: Logico-Linguistic Papers. London, 170-189

Tognini-Bonelli, Elena (2001): Corpus linguistics at work. Amsterdam/ Philadelphia

Wahrig (2011): Deutsches Wörterbuch. Gütersloh/ München

Warnke, Ingo H./ Spitzmüller, Jürgen (2008): Methoden und Methodologie der Diskurslinguistik. In: Warnke/ Spitzmüller (Hgg.), 3-54

Warnke, Ingo H./ Spitzmüller, Jürgen (Hgg.) (2008): Methoden der Diskurslinguistik. Sprachwissenschaftliche Zugänge zur transtextuellen Ebene. Berlin/ New York

Wittgenstein, Ludwig (1915/ 1960): Tractatus logico-philosophicus. Frankfurt/ M.

Wittgenstein, Ludwig (1969): Schriften Bd. 1. Frankfurt/ M.

Wittgenstein, Ludwig (1970): Über Gewissheit. Frankfurt/ M.

Wittgenstein, Ludwig (1971): Philosophische Untersuchungen. Frankfurt/ M.

Wray, Alison (2000): Formulaic Sequences in Second Language Teaching Principle and Practice. In: Applied Linguistics 21/ 4, 463-489

Wray, Allison/ Perkins, Michael R. (2000): „The functions of formulaic language: An integrated model." In: Language & Communication 20, 1-28

Zimmermann, Thomas Ede (2013): Einführung in die Semantik. Darmstadt

Statt Nachwort

Kleide die Worthöhlen aus
mit Pantherhäuten,

erweitere sie, fellhin und fellher,
sinnhin und sinnher,

gib ihnen Vorhöfe, Kammern, Klappen
und Wildnisse, parietal,

und lausch ihrem zweiten
und jeweils zweiten und zweiten
Ton.

Paul Celan

Dieses Buch hätte auch heißen können:
Untersuchungen zur distributiven Semantik.
Der semantische Raum von *Liebe* wird empirisch und korpusbasiert erforscht.
Über die Portale CCDB des IDS und LCC „Wortschatz Leipzig“ werden grundlegende Kookkurrenzen gewonnen.
Experiment und Wagnis bestehen in den Versuchen der Ausdeutung der Ergebnisse
und vor allem der Präsentation in verschiedenen neuen Formaten.
Wissenschaft ist immer auch gedanklich experimentieren.